MADELEINE FARINA

ITALIENISCHES Kochbuch

Die leckersten Rezepte der italienischen Küche
für jeden Geschmack und Anlass

Email: info@edition-lunerion.de
www.edition-lunerion.de

Psiana eCom UG
Berumer Str. 44
26844 Jemgum

Vorwort

Wellenplätschern, Sonne auf der Haut, ein Glas Aperol Sprizz in der Hand und auf dem Teller Antipasti, Pizza & Co. – so sieht der perfekte Italienurlaub aus und wenn Sie jetzt das Fernweh packt, müssen Sie sich nicht bis zur nächsten Reise gedulden: Denn mit den herrlichen Rezepten in diesem Buch zaubern Sie sich Dolce Vita im Handumdrehen auf den Teller und das ist gar nicht kompliziert!

Die italienische Küche ist weltweit legendär und ihren einzigartigen Ruf genießt sie völlig zu Recht: Leckereien für jeden Geschmack, unkomplizierte Rezepte für höchsten Genuss und dabei ist sie auch noch gesund und schont den Geldbeutel. Ob Pasta, Pizza, Fisch oder Antipasti, mit den mediterranen Köstlichkeiten locken Sie kinderleicht die ganze Familie an den Tisch und in diesem Kochbuch finden Sie die passenden Rezepte für jeden Geschmack: Von knackigen Salaten und würzigen Suppen über aromatische Fisch-, Fleisch- und Veggieschlemmereien bis hin zu sündig-süßen Dolci und Drinks kommt hier jeder Italien-Fan voll auf seine Kosten. Und den Original-Geschmack bekommt man so einfach hin? Aber ja! Denn was die Zutaten betrifft, werden Sie längst im gut sortierten Supermarkt fündig und die leicht nachzukochenden Schritt-für-Schritt-Anleitungen sorgen auch bei ungeübten Köchen von Anfang an für rundum gelungene Genuss-Ergebnisse!

Guten Appetit!

INHALT

Buon appetito! 1

Frühstück 3

Focaccia Sandwiches – Belegte Fladenbrote *4*
Brioche col Tuppo – Hefebrötchen *5*
Sfogliatelle – Frühstücksgebäck *6*
Frittata – Italienisches Omelette *7*
Cornetti – Italienische Croissants *8*

Salate, Suppen & Eintöpfe 9

A la Giorgio – Pflücksalat mit Tomaten und Pinienkernen *10*
Insalata Verde – Grüner Salat *11*
Salat a la Caprese – Rucola mit Mozzarella und Tomaten *12*
Minestrone – Italienische Gemüsesuppe *13*
Crema di pomodori – Italienische Tomatensuppe *14*
Gazpacho – Kalte Gemüsesuppe *15*
Ribollita – Toskanische Gemüsesuppe *16*
Stracciatella alla romana – Eierflockensuppe *17*
Insalata mista – Gemischter Salat mit Karotten und Tomaten *18*

Brote 19

Focaccia – Italienisches Fladenbrot *20*
Bruschetta – Belegtes Baguette *21*
Ligurische Focaccia – Italienisches Fladenbrot *22*
Mafalde Siciliane – Hartweizenbrot *23*
Focaccia integrale – Vollkorn-Fladenbrot *24*
Ciabatta con olive – Ciabatta-Brot mit Oliven *25*

Rezepte mit Fleisch 26

Pastaquiche – Nudelauflauf mit Schinken und Käse 27

Bolognese – Nudeln mit Hackfleischsoße 28

Risotto Milanese – Reis mit Kräutern und Weißweinsoße 29

Arrancini – Italienische Kroketten mit Reis 30

Saltimbocca – Kalbsschnitzel mit Salbei 31

Ossobuco – Schmortopf mit Kalb und Gemüse 32

Stufato – Italienisches geschmortes Rindfleisch 33

Piccata Milanese – Schweinefleisch in Käse-Öl-Mantel 34

Rigatoni al forno – Nudelauflauf mit Sahnesoße 35

Rezepte mit Fisch 36

Pasta alla Puttanesca – Spaghetti mit Sardellen und Tomaten 37

Calamari fritti – Panierte Tintenfischringe 38

Pesce all'Acqua Pazza – Pochierter Fisch 39

Brodetto – Italienische Fischsuppe mit Muscheln 40

Rigatoni Sugo – Seelachsfilet mit Nudeln 41

Pesce spada salmoriglio – Schwertfisch in Öl und Zitrone 42

Tagliatella al Salmone – Tagliatelle mit Lachs 43

Lachs-Piccata – Lachs-Zucchini-Pfanne 44

Vegetarische Gerichte 45

Bavette con salsa di pomodoro – Pasta mit Tomatensoße 46

Pizza Margherita 47

Ciambotta – Italienischer Schmortopf 48

Parmiggiana - Gemüseauflauf 49

Pasta al Limone – Italienische Zitronenpasta 50

Spaghetti Napoli – Spaghetti mit Tomatensoße 51

Spaghetti aglio e olio – Italienische Knoblauchpasta 52

Spaghetti cacio e pepe – Spaghetti mit Käse-Pfeffer-Soße 53

Pasta alla Vesuviana – Vesuvische Pasta 54

Vegane Gerichte 55

Soffritto – Suppengrün 56

Antipasti misti – Mariniertes Gemüse 57

Carpaccio di barbabietola – Rote Bete-Salat 58

Zucchini involtini – Zucchini in veganer Käsesoße 59

Tortellacci – Pasta mit Nudeln und Steinchampignons 60

Fingerfood & Snacks 61

Grissini al rosmarino e parmigiano – Knabbersticks 62

Zeppole – Frittierte Kartoffeln 63

Biscotti al Limone – Zitronenkekse 64

Cantuccini – Zimt-Mandel-Plätzchen 65

Desserts 66

Tiramisu 67

Profiteroles – Windbeutel 68

Panna Cotta – Pudding mit Erdbeeren 69

Cannoli – Cremerollen sizilianischer Art 70

Pannetone – Osterküchlein 71

Di Mandorla – Mandelkekse zum Kaffee 72

Soßen, Dips und Aufstriche 73

Pesto Genovese – Basilikum-Pesto 74

Puttanesca-Sauce – Tomatensoße mit Oliven 75

Sugo alla Marinara - Pastasoße 76

Pesto di asparagi – Pesto mit Spargel 77

Pesto di aglio selvatico con mandorle – Pesto mit Bärlauch 78

Crema di formaggio al basilico – Basilikum-Käse-Aufstrich 79

Crema spalmabile al cioccolato – Schokoladenaufstrich 80

Amuse geule – Brotaufstrich mit Ricotta 81

Italienische Drinks 82

Negroni – Gin mit Campari und Wermut 83

Limoncello – Zitronenlikör 84

Ramazotti Rosato Mio – Ramazotti 85

Aperol Spritz – Aperol Spritz 86

Sanpellegrino Garibaldi – Bitterlikör 87

Scroppino – Italienischer Eiscocktail 88

Bellini – Pfirsichsekt 89

Kaffee & Co. 90

Caffé Shakerato – Italienischer Eiskaffee 91

Mokka – Schokokaffee 92

Café Borgio – Schokokaffee mit Sahne und Orange 93

Affogato al Café – Espresso Vanille 94

Café Granita – Süßer Kaffee 95

Teequiri – Limonentee 96

Cioccolata – Italienische heiße Schokolade 97

Buon appetito!

Jeder liebt sie – die italienische Küche!
Die Italiener haben eindeutig den Dreh raus. Ihre vielfältige Küche ist nicht nur besonders bekömmlich und leicht, sondern sie lädt definitiv zum Spielen mit regionalen Kräutern und Gewürzen ein. Die italienischen Rezepte bieten Spielraum für schmackhafte Gewürze und Kräuter, sodass jedermann auf seine persönlichen Kosten kommt.

Als Liebhaber des Weines kommen auch Rotwein und Weißwein bei den Italienern nicht zu kurz, sodass Soßen, Suppen und Eintöpfe zu einmaligen Geschmackserlebnissen werden. Aufgrund dessen gilt die italienische Küche als eine der modernsten und besten Länderküchen dieser Erde und wird als besonders kreativ beschrieben.

Wer zum Italiener geht, wird immer fündig, denn sehr bekannte Gerichte wie die Spaghetti Bolognese oder die Pizza Margherita stehen auf dem Speiseplan sowie auch eher ausgefallene, spezielle Gerichte, die zum Probieren einladen.

Neben der Möglichkeit, auswärts essen zu gehen, können Sie die italienische Küche aber auch hervorragend zu sich nach Hause holen. Festliche Anlässe sind hierfür nicht nötig, denn die Gerichte sind in der Regel einfach zuzubereiten und auch ihr Zeitaufwand hält sich angenehm in Grenzen.

Daher können Sie auch gleich morgens mit einem köstlichen Ciabatta-Brot in den Tag starten.

Genießen Sie Ihre Speisen, wie es die Italiener tun, denn diese nehmen sich gern Zeit, um ihre Mahlzeiten so richtig auszukosten. Ein Zwei-Gänge-Menü ist keine Seltenheit und auch das lockere Ausklingenlassen des Beisammenseins wird mit einem abschließenden Espresso genossen.

In der heutigen Zeit ist es nicht schwierig, die Zutaten direkt aus dem Süden zu beziehen, aber auch bei uns in Deutschland gibt es immer mehr Feinkostläden, welche italienische Waren vertreiben. Auch Reformhäuser und Wochenmärkte greifen immer mehr auf italienische Spezialitäten zurück, denn die italienische Küche gewinnt mehr und mehr an Beliebtheit.

Frisches Gemüse, frische Kräuter und selbstgemahlene Gewürze sind in den italienischen Gerichten besonders häufig vertreten, was die italienische Kost ausgewogen und gesundheitsfördernd werden lässt.

Lassen Sie es sich nicht nehmen, auch die typische italienische Gelassenheit zu sich nach Hause zu holen. Genießen Sie die Zeit beim Kochen mit Freunden, beim Zusammensitzen mit der Familie und einem herrlichen italienischen Drink am Abend.

Ich wünsche Ihnen:
Buon Appetito!

Frühstück

FOCACCIA SANDWICHES – BELEGTE FLADENBROTE

4 Port. | 20 Min. | Leicht

Zutaten

6 Basilikumblätter
6 Taggiasca-Oliven (italienische Oliven)
100 g italienische Salami
100 g Parmaschinken
½ Bund Rucola
100 g Antipasti in Olivenöl
1 Glas Crema di Parmigiano (Parmesancreme)
1 Focaccia

Nährwerte p. P.

281 kcal
28 g Kohlenhydrate
15 g Fett
8 g Eiweiß

1 Lassen Sie die frische Focaccia zunächst auskühlen. Schneiden Sie sie dann in sechs Stücke und schneiden Sie die Stücke wie ein Brötchen in zwei Hälften.

2 Bestreichen Sie jetzt die unteren Hälften mit der Creme. Geben Sie dann etwas gewaschenen Rucola, etwas Antipasti, Schinken und Salami darauf.

3 Legen Sie die oberen Hälften auf und piksen Sie je ein Basilikumblatt und je eine Olive auf einen Zahnstocher. Stecken Sie die Zahnstocher in die belegten Focaccia-Stücke hinein.

BRIOCHE COL TUPPO – HEFEBRÖTCHEN

4 Port. | 3 Std. | Leicht

Zutaten

1 Ei zum Bestreichen
4 Eier
100 g Butter
5 g Salz
20 g frische Hefe
40 g Zucker
100 ml lauwarme Milch
500 g Mehl Type 550

Nährwerte p. P.

261 kcal
55 g Kohlenhydrate
3 g Fett
11 g Eiweiß

1 Wärmen Sie zunächst die Milch lauwarm auf und geben Sie dann die Hefe hinein, bis diese aufgelöst ist. Sieben Sie dann das Mehl in eine Schüssel und fügen Sie die Butter in kleinen Stücken sowie Zucker und Salz hinzu.

2 Gießen Sie die Hefe-Mischung in das Mehl und verkneten Sie die Menge grob. Während Sie kneten, geben Sie ein Ei nach dem anderen dazu. Kneten Sie den Teig so lange, bis er sich elastisch anfühlt.

3 Decken Sie den Teig in der Schüssel ab und lassen Sie ihn an einem warmen Ort gehen. Geben Sie anschließend etwas Mehl auf eine Arbeitsfläche und kneten Sie den Teig darauf erneut durch. Teilen Sie den Teig dann in zwölf etwa gleich große Stücke. Von jedem Stück trennen Sie ein etwa 1 cm breites Stückchen ab. Formen Sie alle Teigstücke zu Kugeln. Drücken Sie die großen Kugeln oben mit dem Daumen etwas ein und drücken Sie die kleine Kugel vorsichtig darauf.

4 Verquirlen Sie nun das einzelne Ei und bestreichen Sie die Brötchen damit. Legen Sie die Brötchen auf ein Backblech mit Backpapier und lassen Sie sie nochmals 30 Minuten ruhen. Heizen Sie den Backofen auf 180 °C Ober-/Unterhitze vor. Backen Sie Ihr Brioche col Tuppo dann für 15 Minuten im Ofen.

SFOGLIATELLE – FRÜHSTÜCKSGEBÄCK

6 Port. | 5 Std. | Leicht

Zutaten

125 g Butter
5 EL Sonnenblumenöl
200 ml Wasser
2 TL Zucker
etwas Salz
400 g Mehl

Für die Füllung:
etwas Zimt
2 starke Espressi
200 g Gelierzucker
5 Äpfel

Nährwerte p. P.

302 kcal
60 g Kohlenhydrate
5 g Fett
8 g Eiweiß

1 Schälen und entkernen Sie zunächst die Äpfel für die Füllung. Würfeln Sie die Äpfel dann. Geben Sie die Äpfel und ein Drittel des Zuckers in einen Topf und lassen Sie die Menge kurz ziehen. Brühen Sie die Espressi auf und geben Sie diese mit dem Zimt zu den Äpfeln.

2 Köcheln Sie die Menge, bis die Äpfel weich sind. Rühren Sie währenddessen stetig. Anschließend pürieren Sie die Menge und geben den übrigen Zucker dazu. Kochen Sie die Menge dick ein. Füllen Sie die Marmelade jetzt in saubere Schraubgläser um.

3 Geben Sie jetzt alle Zutaten, außer der Butter, für den Teig zusammen und kneten Sie sie zu einem glatten Teig. Geben Sie den Teig in Frischhaltefolie und lassen Sie ihn für eine Stunde bei Zimmertemperatur ruhen. Vierteln Sie den Teig anschließend und rollen Sie ihn sehr dünn aus. Streuen Sie etwas Mehl über den ausgerollten Teig.

4 Schmelzen Sie die Butter und bestreichen Sie einen Teig mit. Legen Sie den zweiten Teig darauf und bestreichen Sie diesen ebenfalls. Legen Sie den dritten Teig darauf und bestreichen Sie ihn auch. Wiederholen Sie den Vorgang auch mit dem letzten Teigstück. Formen Sie den Stapel dann zu einer dünnen Rolle und ziehen Sie sie lang. Stellen Sie die Rolle für vier Stunden kalt.

5 Schneiden Sie dann eine etwa 1,5 cm dicke Scheibe von der Rolle ab. Rollen Sie das Stück aus und ziehen Sie es auseinander wie einen spitzen Hut. Geben Sie etwa einen Teelöffel Marmelade hinein und drücken Sie die Enden zusammen. Wiederholen Sie den Vorgang, bis Ihre Teigrolle aufgebraucht ist. Legen Sie alle Teigstücke auf ein Backblech mit Backpapier und backen Sie sie für 15 Minuten bei 220 °C Heißluft im vorgeheizten Backofen. Nach Bedarf können Sie sie anschließend mit etwas Puderzucker bestreuen.

FRITTATA – ITALIENISCHES OMELETTE

4 Port. | 20 Min. | Leicht

Zutaten

1 EL Öl oder Butter
Pfeffer und Salz
50 g Grana Padano (italienischer Käse)
4 Eier

Zudem:
etwas Petersilie
1 Salsiccia (Wurst)
3 Champignons

Nährwerte p. P.

254 kcal
64 g Kohlenhydrate
12 g Fett
11 g Eiweiß

1 Raspeln Sie zunächst den Käse klein und schlagen Sie die Eier in eine Schüssel. Schneiden Sie die geputzten Champignons und die Salsiccia klein. Verquirlen Sie die Eier und geben Sie Pfeffer, Salz und Käse dazu.

2 Geben Sie Salsiccia zum Braten in eine Pfanne. Wenden Sie, sobald eine Seite der Wurst gut gebräunt ist, und geben Sie dann die Pilze dazu. Nehmen Sie etwas Hitze weg und geben Sie die Butter hälftig dazu. Geben Sie dann die Ei-Mischung in die Pfanne, legen Sie einen Deckel auf und backen Sie das Omelette von einer Seite aus.

3 Nach etwa acht Minuten muss die Frittata gewendet werden und von der anderen Seite ausgebacken werden. Geben Sie hierfür die übrige Butter mit in die Pfanne. Waschen Sie währenddessen die Petersilie und schütteln Sie sie trocken. Garnieren Sie die fertige Frittata damit.

CORNETTI – ITALIENISCHE CROISSANTS

16 Port. | 1 Std. 10 Min. | Leicht

Zutaten

1 Eigelb
50 g Butter
250 ml Milch
2 Eier
½ TL Salz
½ TL Vanillezucker
1 TL Zucker
½ Pck. Vanillezucker
500 g Mehl
50 ml lauwarmes Wasser
1 Pck. Trockenhefe
Füllung nach Belieben

Nährwerte p. P.

510 kcal
18 g Kohlenhydrat
12 g Fett
10 g Eiweiß

1 Lösen Sie zunächst die Hefe in 50 ml lauwarmem Wasser auf. Geben Sie das Salz, den Vanillezucker, den Zucker und das Mehl sowie die Hefemischung zusammen in eine Schüssel, verrühren Sie die Menge und geben Sie dann die Butter, die Eier und die Milch dazu.

2 Kneten Sie den Teig gründlich durch und decken Sie ihn ab. Lassen Sie den Teig bei Zimmertemperatur für eine Stunde gehen. Heizen Sie den Backofen auf 180 °C Umluft vor.

3 Kneten Sie den Teig anschließend erneut gut durch und teilen Sie ihn in zwei Hälften. Rollen Sie die Hälften aus und schneiden Sie sie in je acht Stücke, also insgesamt 16 Stücke. Streichen Sie nun eine beliebige Füllung auf die Stücke und rollen Sie sie dann von der kürzeren Seite her auf. Bestreichen Sie die Cornetti mit etwas Ei und geben Sie sie auf ein Backblech mit Backpapier. Backen Sie die Cornetti für 15 Minuten im Backofen.

Salate, Suppen & Eintöpfe

A LA GIORGIO – PFLÜCKSALAT MIT TOMATEN UND PINIENKERNEN

2 Port. 30 Min. Leicht

Zutaten

Pfeffer und Meersalz
4 EL Balsamicoessig
16 EL Olivenöl
4 Scheiben Toastbrot
50 g Pinienkerne
8 Cocktailtomaten
80 g Rucola
2 Köpfe Pflücksalat

Nährwerte p. P.

36 kcal
6 g Kohlenhydrate
3 g Fett
1 g Eiweiß

1 Rösten Sie zunächst die Pinienkerne in einer Pfanne ohne Fett an. Wenden Sie die Pinienkerne zwischendurch und rösten Sie sie bei niedriger Temperatur. Stellen Sie die fertigen Pinienkerne zur Seite und toasten Sie das Toastbrot.

2 Geben Sie vier Esslöffel des Öls in eine Schüssel. Zupfen Sie das fertige Toastbrot in Stücke und geben Sie es ebenfalls in die Schüssel. Waschen Sie den Salat und schneiden Sie ihn quer in Streifen. Waschen und vierteln Sie die Tomaten, geben Sie Tomaten, Salat, Rucola und die Hälfte der Pinienkerne in die Schüssel. Rühren Sie die Menge gründlich durch.

3 Verteilen den Balsamico sowie das übrige Öl über dem Salat, schmecken Sie mit Salz und Pfeffer ab, rühren Sie erneut durch und geben Sie die übrigen Pinienkerne obendrauf.

INSALATA VERDE – GRÜNER SALAT

4 Port. 15 Min. Leicht

Zutaten

je 1 Prise Zucker und Salz
½ TL mittelscharfer Senf
je 1 Bund Schnittlauch und Petersilie
3 EL Olivenöl
1 EL Rotweinessig
je 70 g grüne und schwarze Oliven
1 kleine Zwiebel
1 Kopfsalat

Nährwerte p. P.

15 kcal
3 g Kohlenhydrate
3 g Fett
1 g Eiweiß

1 Entfernen Sie zunächst den Strunk des Kopfsalats, waschen Sie die Blätter gründlich, lassen Sie sie abtropfen und schneiden Sie sie in mundgerechte Stücke. Geben Sie die Blätter in eine Schüssel.

2 Schälen Sie die Zwiebel und schneiden Sie sie sehr klein. Verrühren Sie die Zwiebel mit dem Senf, Zucker und Salz, Olivenöl und Rotweinessig. Waschen Sie die Kräuter und schütteln Sie sie trocken. Hacken Sie die Petersilie und schneiden Sie den Schnittlauch in Röllchen.

3 Geben Sie die Kräuter sowie das Dressing über Ihren Salat. Richten Sie dann die Oliven darauf an.

SALAT A LA CAPRESE – RUCOLA MIT MOZZARELLA UND TOMATEN

2 Port. | 25 Min. | Leicht

Zutaten

Für das Dressing:
30 g geröstete Pinienkerne
60 g geriebener Parmesan
1 kleine, geschälte Knoblauchzehe
120 ml Olivenöl
1 Bund gezupftes Basilikum

Für den Salat:
Pfeffer und Salz
ein paar Pinienkerne zum Garnieren
2 TL Balsamicoessig
2 EL feines Olivenöl
1 rote Zwiebel
100 g Rucola
2 große Kugeln Büffelmozzarella
2 große Tomaten
½ TL Knoblauch

Nährwerte p. P.

32 kcal
18 g Kohlenhydrate
7 g Fett
6 g Eiweiß

1 Bereiten Sie die Zutaten nach der Zutatenliste vor. Für das Dressing verrühren Sie die Pinienkerne mit Parmesan, Knoblauch, Basilikum und Olivenöl.

2 Ritzen Sie nun die Mozzarellakugeln kreuzförmig ein und geben Sie das Dressing hinein. Waschen Sie die Tomaten und schneiden Sie sie Scheiben. Bestreichen Sie sie mit etwas Olivenöl.

3 Waschen Sie den Rucola. Verteilen Sie die Tomaten auf die Teller und legen Sie ein Nest aus Rucola darauf. Schälen Sie die Zwiebel und schneiden Sie sie in Ringe. Verteilen Sie die Ringe auf dem Rucola. Würzen Sie mit Salz und Pfeffer.

4 Beträufeln Sie die Salate mit dem Balsamico und setzen Sie die Mozzarellakugeln in die Mitte. Bestreuen Sie alles mit den Pinienkernen.

MINESTRONE – ITALIENISCHE GEMÜSESUPPE

4 Port. 30 Min. Leicht

Zutaten

30 g Parmesan
1 TL Zitronenschale
Zucker und Pfeffer
1 EL gemischte Kräuter
6 Stiele Thymian
½ Bund Petersilie
etwas Salz
150 g Penne Rigate (Nudeln)
1 l Gemüsebrühe
1 EL Tomatenmark
2 EL Olivenöl
400 g Tomaten
2 Knoblauchzehen
2 Zwiebeln
1 Dose grüne Bohnen
1 Zucchini
2 Möhren

Nährwerte p. P.

300 kcal
40 g Kohlenhydrate
12 g Fett
9 g Eiweiß

1 Waschen und schälen Sie die Möhren, putzen Sie die Zucchini. Schneiden Sie die Möhren in Scheiben und die Zucchini in Würfel. Lassen Sie die Bohnen abtropfen, schälen und würfeln Sie Zwiebeln und Knoblauch. Waschen und würfeln Sie die Tomaten.

2 Erhitzen Sie jetzt das Öl in einem Topf und braten Sie die Zucchini unter Rühren darin an. Geben Sie Knoblauch und Zwiebeln dazu und dünsten Sie beides an. Geben Sie das Tomatenmark in die Menge und schwitzen Sie alles an. Geben Sie dann die Tomaten dazu und löschen Sie die Zutaten mit der Brühe ab.

3 Geben Sie die Möhren in die Suppe, kochen Sie die Suppe auf und lassen Sie sie für etwa acht Minuten köcheln. Kochen Sie die Nudeln wie üblich in Salzwasser gar. Waschen Sie die Petersilie, schütteln Sie sie trocken und schneiden Sie sie klein.

4 Waschen und trocknen Sie auch den Thymian, zupfen Sie die Blätter ab und legen Sie einige davon für später zur Seite. Geben Sie Petersilie, Thymian und Bohnen in die Suppe und schmecken Sie mit Pfeffer, Salz und Kräutern ab. Lassen Sie die Menge für weitere vier Minuten köcheln. Geben Sie dann die Nudeln sowie die Zitronenschale dazu.

5 Hobeln Sie den Parmesan klein und garnieren Sie die fertige Suppe mit Parmesan sowie dem übrigen Thymian.

CREMA DI POMODORI – ITALIENISCHE TOMATENSUPPE

4 Port. | 40 Min. | Leicht

Zutaten

je 1 Prise Pfeffer, Salz und Zucker
200 g Crème fraîche
5 frische Blätter Minze
½ TL gerebelter Majoran
½ TL getrocknetes Basilikum
½ l Fleischbrühe
50 g Langkornreis
5 EL kaltgepresstes Olivenöl
2 Knoblauchzehen
2 Zwiebeln
1 kg aromatische Tomaten

Nährwerte p. P.

59 kcal
5 g Kohlenhydrate
3 g Fett
5 g Eiweiß

1 Wärmen Sie zunächst vier Suppenteller im Backofen bei 50 °C vor. Waschen und vierteln Sie die Tomaten, schälen und hacken Sie Zwiebeln und Knoblauch. Erhitzen Sie das Olivenöl in einem großen Topf und dünsten Sie Knoblauch und Zwiebeln darin an. Nehmen Sie einen Esslöffel der Mischung aus der Pfanne und stellen Sie es zur Seite.

2 Geben Sie nun den Reis in den Topf und dünsten Sie ihn darin glasig an. Geben Sie die Tomaten und die Brühe dazu und fügen Sie dann Zucker sowie die Kräuter hinzu. Streichen Sie die komplette Menge dann durch ein Sieb in einen anderen Topf und würzen Sie mit Pfeffer und Salz.

3 Kochen Sie die Suppe auf und verteilen Sie sie jetzt auf die vorgewärmten Teller. Garnieren Sie die Suppe mit je einem Esslöffel der Crème fraîche sowie etwas Zwiebelmischung.

GAZPACHO – KALTE GEMÜSESUPPE

4 Port. | 1 Std. | Leicht

Zutaten

etwas Pfeffer und Meersalz
Sherryessig
Tabascosoße
125 ml Olivenöl
2 Scheiben Weißbrot
200 ml Tomatensaft
3 gehackte Knoblauchzehen
1 rote Paprika
1 Salatgurke
500 g vollreife Tomaten

Nährwerte p. P.

95 kcal
8 g Kohlenhydrate
1 g Fett
2 g Eiweiß

1 Überbrühen Sie zunächst die Tomaten, häuten und vierteln Sie sie. Schälen Sie Paprika und Gurke, entnehmen Sie die Kerne und schneiden Sie beides klein.

2 Geben Sie das Meersalz, Olivenöl, Weißbrot, Tomatensaft, Knoblauch, Paprika und Tomaten zusammen und lassen Sie alles über Nacht einziehen.

3 Am Folgetag pürieren Sie die Menge gründlich und passieren sie durch ein Sieb. Würzen Sie dann mit Pfeffer und Salz sowie Sherryessig und Tabascosoße.

RIBOLLITA – TOSKANISCHE GEMÜSESUPPE

4 Port. 55 Min. Leicht

Zutaten

4 EL Parmesan
4 Scheiben Ciabatta
300 g gekochte weiße Bohnen
600 ml Gemüsebrühe
1 ½ TL gemahlener schwarzer Pfeffer
1 Prise Salz
50 ml Weißwein
400 g geschälte Tomaten
½ Bund Petersilie
300 g Schwarzkohl
3 Knoblauchzehen
250 g Fenchel
100 g Kartoffeln
1 Karotte
1 Zweig Thymian
4 EL Olivenöl
2 rote Zwiebeln

Nährwerte p. P.

719 kcal
75 g Kohlenhydrate
28 g Fett
29 g Eiweiß

1 Schälen und würfeln Sie die Zwiebeln und geben Sie sie zusammen mit dem Thymian in einen Topf mit Öl. Lassen Sie beides unter Rühren andünsten. Schneiden Sie Fenchel, Karotte und Kartoffeln geschält in Würfel, schälen und hacken Sie den Knoblauch. Geben Sie alles mit in die Pfanne und braten Sie die Menge für fünf Minuten.

2 Schneiden Sie den Schwarzkohl, Blätter und Stiel, in Streifen, waschen und hacken Sie die Petersilie, geben Sie dann die Hälfte der Petersilie und den Schwarzkohl mit in den Topf. Löschen Sie mit Tomaten und Weißwein ab, würzen Sie mit Pfeffer und Salz und lassen Sie die Menge bei großer Hitze einkochen.

3 Gießen Sie die Brühe dazu, decken Sie den Topf ab und lassen Sie alles für 20 Minuten köcheln. Pürieren Sie etwa ein Viertel der Bohnen und geben Sie das Püree sowie die übrigen Bohnen mit in den Topf. Lassen Sie alles fünf Minuten ziehen. Reißen Sie das Weißbrot grob in Stücke und geben Sie es dazu. Nehmen Sie den Thymianzweig heraus und garnieren Sie mit dem Parmesan sowie der Petersilie.

STRACCIATELLA ALLA ROMANA – EIERFLOCKENSUPPE

2 Port. | 25 Min. | Leicht

Zutaten

1 Prise Salz
1 Prise Muskatnuss
2 EL Parmesan
2 Eier
500 ml Rindfleischbrühe

Nährwerte p. P.

267 kcal
3 g Kohlenhydrate
17 g Fett
26 g Eiweiß

1 Verquirlen Sie zunächst die Eier in einer Schüssel. Rühren Sie den Parmesan unter und würzen Sie die Menge mit Muskatnuss sowie Salz. Geben Sie etwa eine Kelle kalte Brühe dazu und verrühren Sie die Menge erneut.

2 Kochen Sie die übrige Brühe in einem Topf auf, nehmen Sie den Topf vom Herd und geben Sie die Eiermischung unter Rühren nach und nach hinein. Stellen Sie den Topf zurück auf die Herdplatte und kochen Sie die Menge unter Rühren erneut auf. Nehmen Sie etwas Hitze weg und köcheln Sie die Menge rührend für etwa vier Minuten, bis die kleinen Eierflocken entstehen.

INSALATA MISTA – GEMISCHTER SALAT MIT KAROTTEN UND TOMATEN

4 Port. | 20 Min. | Leicht

Zutaten

3 Karotten
1 Gurke
2 rote Zwiebeln
4 große Tomaten
1 Romana-Salat
1 Eisbergsalat

Für das Dressing:
Pfeffer und Salz
2 TL italienische Kräuter
1 Prise Zucker
1 EL Wasser
6 EL Olivenöl
1 EL Wasser
1 EL Weißweinessig
4 EL Aceto Balsamico

Nährwerte p. P.

97 kcal
4 g Kohlenhydrate
9 g Fett
4 g Eiweiß

1 Waschen Sie zunächst das Gemüse und den Salat gründlich, lassen Sie alles abtropfen und schneiden Sie es in mundgerechte Stücke. Schälen Sie die Zwiebeln und schneiden Sie sie in Streifen. Vermischen Sie das Ganze in einer großen Schüssel.

2 Vermischen Sie für das Dressing die Kräuter mit dem Zucker, Olivenöl, Wasser, Weißweinessig und Balsamico und geben Sie die Menge über den Salat. Schmecken Sie mit Pfeffer und Salz ab und lassen Sie den Salat im Kühlschrank für 30 Minuten ziehen.

Brote

FOCACCIA – ITALIENISCHES FLADENBROT

4 Port. | 2 Std. 50 Min. | Leicht

Zutaten

2 EL Olivenöl
etwas grobkörniges Salz
2 Zweige Rosmarin, gehackt
1 ½ EL Olivenöl
1 Prise Zucker
2 TL Salz
4 EL Olivenöl
1 mittelgroße Zwiebel in Scheiben
30 ml Wasser
200 g Halbweißmehl
20 g frische Hefe
200 g Pizzamehl Type 00

Nährwerte p. P.

267 kcal
40 g Kohlenhydrate
7 g Fett
13 g Eiweiß

1 Stellen Sie zwei Schüsseln bereit. Geben Sie beide Mehle in die eine Schüssel. Geben Sie Zucker, Hefe und vier Esslöffel Olivenöl in die andere Schüssel und füllen Sie mit 30 ml lauwarmem Wasser auf. Lassen Sie die Hefe auflösen, indem sie die Menge mit der Hand verrühren.

2 Geben Sie nun das Mehl portionsweise zur Ölmenge und rühren Sie währenddessen mit der Hand weiter. Geben Sie dann das Salz sowie den vorher gewaschenen und gehackten Rosmarin (heben Sie ein wenig davon für später auf) dazu. Rühren Sie vier Minuten weiter. Der Teig sollte möglichst klebrig sein. Decken Sie den Teig ab und lassen Sie ihn für 50 Minuten gehen.

3 Geben Sie das übrige Olivenöl in eine Pfanne und verstreichen Sie das Öl auf dem kompletten Pfannenboden. Geben Sie dann den Teig hinein, träufeln Sie etwas Öl darüber und drücken Sie den Teig mit den Fingern fest in die Pfanne. Bestreuen Sie den Teig mit Salz, Zwiebelringen und etwas Rosmarin. Lassen Sie den Teig weitere 30 Minuten ruhen.

4 Heizen Sie den Backofen auf 190 °C Ober-/Unterhitze vor und backen Sie Ihre Focaccia für 28 Minuten auf mittlerer Schiene. Zuletzt backen Sie die Focaccia für weitere vier Minuten auf der oberen Schiene weiter. Nach dem Abkühlen können Sie das leckere, luftige Fladenbrot nach Belieben belegen

BRUSCHETTA – BELEGTES BAGUETTE

4 Port. | 50 Min. | Leicht

Zutaten

Je etwas Chilipulver und Pimentpulver
Pfeffer und Salz
2 EL Honig
50 ml Orangensaft
50 ml Rotwein
50 ml Balsamico
etwas Oregano
etwas Olivenöl
1 Bund gehacktes Basilikum
etwas Parmesan
1 großes Baguette
1 gehackte Knoblauchzehe
1 Zwiebel in Ringen
10 frische Tomaten

Nährwerte p. P.

213 kcal
32 g Kohlenhydrate
6 g Fett
8 g Eiweiß

1 Bereiten Sie zunächst die Zutaten nach der Zutatenliste vor. Geben Sie ausreichend Wasser in einen Topf, salzen sie es und geben Sie die Tomaten in das heiße Wasser. Sobald die Haut beginnt, sich zu lösen, nehmen Sie die Tomaten heraus, lassen Sie abkühlen und häuten sie. Würfeln Sie die Tomaten und lassen Sie sie abkühlen.

2 Geben Sie die Tomaten mit Basilikum, Knoblauch und Zwiebel in eine Schüssel. Geben Sie einen Schuss Olivenöl dazu und würzen Sie nach Geschmack. Verrühren Sie die Menge.

3 Bringen Sie nun Rotwein und Balsamico zum Kochen. Fügen Sie Honig und Orangensaft hinzu, sobald die Rotweinmenge dicker wird. Kochen Sie alles noch einmal auf und lassen Sie die Menge abkühlen.

4 Schneiden Sie nun das Baguette in Scheiben und rösten Sie es in einer Pfanne in heißem Öl. Anschließend verteilen Sie die Tomatenmenge auf den Scheiben und geben dann die Rotweinmischung darüber. Streuen Sie den Parmesan darüber und garnieren Sie mit dem Basilikum.

LIGURISCHE FOCACCIA – ITALIENISCHES FLADENBROT

8 Port. | 50 Min. | Leicht

Zutaten

½ TL Oregano
½ TL grobes Meersalz
500 g Mehl Type 00
50 ml Olivenöl
250 ml kaltes Wasser
1 TL Zucker
1 TL Salz
2 g frische Hefe

Nährwerte p. P.

249 kcal
36 g Kohlenhydrate
8 g Fett
9 g Eiweiß

1 Rühren Sie zunächst das Salz in das kalte Wasser hinein und verreiben Sie die frische Hefe in dem Mehl. Geben Sie das Salzwasser dann nach und nach in die Mehlmenge hinein. Gießen Sie es wirklich nur langsam dazu und verkneten Sie die Menge währenddessen mit der Hand.

2 Anschließend geben Sie das Olivenöl sowie den Zucker dazu und kneten den Teig so lange durch, bis er sich nicht mehr klebrig anfühlt.

3 Decken Sie den Teig ab und lassen Sie ihn für zwei Stunden bei Raumtemperatur gehen.

4 Bestreichen Sie jetzt ein Backblech mit Olivenöl. Geben Sie den Teig auf das Blech und drücken Sie ihn mit den Fingern gut fest, der Teig sollte das Blech ausfüllen. Lassen Sie den Teig hier weitere 30 Minuten gehen.

5 Jetzt drücken Sie mit den Fingerkuppen kleine Kuhlen in den Teig hinein. In die Kuhlen geben Sie etwas Salz und Olivenöl.

6 Zuletzt streuen Sie den Oregano über den Teig. Backen Sie Ihre Focaccia für 25 Minuten bei 180 °C Ober-/Unterhitze im vorgeheizten Backofen.

MAFALDE SICILIANE – HARTWEIZENBROT

4 Port. | 5 Std. 20 Min. | Mittel

Zutaten

etwas Sesam nach Bedarf
35 ml natives Olivenöl
1 TL Honig
15 g Zucker
15 g Salz
10 g frische Hefe
300 ml lauwarmes Wasser
500 g doppelt gemahlener Hartweizengrieß

Nährwerte p. P.

518 kcal
94 g Kohlenhydrate
11 g Fett
18 g Eiweiß

1 Erwärmen Sie das Wasser lauwarm und geben Sie zunächst die Hefe hinein. Vermischen Sie die Menge, bis sich die Hefe aufgelöst hat. Geben Sie dann den Honig dazu und verrühren Sie die Menge erneut.

2 Geben Sie das Hefewasser in eine Schüssel und fügen Sie den Zucker hinzu. Kneten Sie die Menge mit einem Knethaken und lassen Sie währenddessen das Öl dazufließen. Nach und nach geben Sie anschließend den Hartweizengrieß bei und kneten den Teig für zehn Minuten.

3 Zuletzt geben Sie das Salz in die Menge und kneten weitere fünf Minuten, bis sich der Teig elastisch anfühlt.

4 Bemehlen Sie nun eine Arbeitsfläche mit etwas Grieß und falten Sie den Teig einige Male von außen nach innen. Formen Sie ihn dann zu einer Kugel. Legen Sie die Kugel in eine Schüssel, decken Sie sie ab und lassen Sie den Teig fünf Stunden bei Zimmertemperatur gehen. Anschließend teilen Sie den Teig in etwa gleich große Stücke.

5 Rollen Sie die Stücke zu Rechtecken aus und rollen Sie sie von der kürzeren Seite her auf. Bedecken Sie die Rollen mit einem Tuch und lassen Sie sie zehn Minuten ruhen. Rollen Sie daraufhin die Teigrollen so aus, dass vier lange Schnüre entstehen. Die Schnüre legen Sie dann einzeln s-förmig zusammen. Das Ende jeder Schnur legen Sie dann mittig über Ihr s und drücken es leicht am Anfang der Schnüre fest. Sie formen also jede Schnüre zu einem s, legen die Schnüre aneinander und drücken Sie etwas zusammen, damit eine lange, gewellte Schnur entsteht.

6 Legen Sie Ihre Mafalden dann auf ein Backblech mit Backpapier und lassen Sie sie im kalten Ofen eine Stunde gehen. Nehmen Sie sie wieder heraus und heizen Sie den Backofen auf 180 °C Umluft vor. Bestreichen Sie die Mafalden währenddessen mit Wasser und streuen Sie den Sesam darüber.

7 Stellen Sie ein kleines Gefäß mit Wasser auf den Ofenboden und backen Sie die Mafalden 40 Minuten auf mittlerer Schiene.

FOCACCIA INTEGRALE – VOLLKORN-FLADENBROT

4 Port. | 4 Std. 10 Min. | Mittel

Zutaten

12 g Salz
30 g natives Olivenöl
420 ml lauwarmes Wasser
10 g Honig
5 g Trockenhefe
250 g Vollkornmehl
300 g Manitoba-Mehl (Mehl aus Manitoba-Weizen)

Zudem:
grobes Meersalz
etwas Rosmarin
20 g natives Olivenöl

Nährwerte p. P.

619 kcal
105 g Kohlenhydrate
16 g Fett
14 g Eiweiß

1 Geben Sie zunächst die Trockenhefe, den Honig sowie beide Mehle in eine Rührschüssel. Rühren Sie die Menge um und lassen Sie das Wasser langsam hineinlaufen. Kneten Sie den Teig dann fünf Minuten. Anschließend fügen Sie das Olivenöl sowie das Salz hinzu und kneten den Teig weiter, bis er sich glatt anfühlt.

2 Streichen Sie eine Arbeitsfläche leicht mit Olivenöl ein und falten Sie den Teig darauf einige Male von außen nach innen. Formen Sie den Teig zu einer Kugel, decken Sie ihn ab und lassen Sie ihn für 3 ½ Stunden an einem zimmerwarmen Ort gehen.

3 Fetten Sie dann ein Backblech mit Olivenöl ein und geben Sie den Teig darauf. Drücken Sie den Teig mit den Fingerspitzen gleichmäßig auf das Blech, bis das Blech damit ausgefüllt ist. Lassen Sie den Teig weitere zehn Minuten ruhen. Drücken Sie kleine Mulden in den Teig hinein und beträufeln Sie den Teig mit etwas Olivenöl. Verteilen Sie das grobe Meersalz sowie den Rosmarin darüber.

4 Geben Sie das Blech auf die untere Schiene des vorgeheizten Backofens und backen Sie die Focaccia für 40 Minuten bei 220 °C Ober-/Unterhitze.

CIABATTA CON OLIVE – CIABATTA-BROT MIT OLIVEN

2 Port. | 1 Std. 40 Min. | Leicht

Zutaten

50 g Oliven
300 ml lauwarmes Wasser
10 g Hefe
10 g Salz
500 g Weizenmehl Type 405

Nährwerte p. P.

233 kcal
47 g Kohlenhydrate
1 g Fett
8 g Eiweiß

1 Zerbröseln Sie zunächst die Hefe, wärmen Sie das Wasser auf und lassen Sie die Hefe im Wasser auflösen. Geben Sie das Mehl in eine Rührschüssel und fügen Sie das Salz sowie die fertige Hefemischung hinzu. Kneten Sie den Teig mindestens acht Minuten lang mit einem Knethaken, bis er sich weich und glatt anfühlt.

2 Waschen Sie die Oliven, entfernen Sie die Steine und schneiden Sie sie in Ringe. Arbeiten Sie die Olivenringe vorsichtig in den Teig ein. Formen Sie den Teig dann zu einer Kugel, geben Sie ihn in eine Schüssel, decken Sie ihn ab und lassen Sie ihn für eine Stunde bei Raumtemperatur gehen.

3 Heizen Sie den Backofen auf 200 °C Ober-/Unterhitze vor und stellen Sie eine feuerfeste Schüssel mit Wasser auf den Ofenboden.

4 Bereiten Sie ein Backblech mit Backpapier vor und bestäuben Sie es mit etwas Mehl. Ziehen Sie den Teig darauf länglich aus, sodass er die Ciabatta-Form annimmt. Backen Sie den Teig dann für etwa 25 Minuten, bis er sich goldbraun gefärbt hat und knusprig aussieht.

Rezepte mit Fleisch

PASTAQUICHE – NUDELAUFLAUF MIT SCHINKEN UND KÄSE

4 Port. | 1,5 Std. | Leicht

Zutaten

3 EL Butter
Salz und Pfeffer
frisch geriebener Parmesan
2 EL Olivenöl
2 EL frisch gehackte Petersilie
1 Zwiebel
100 g geriebener Almkäse
125 g gewürfelter Schinken
100 ml Milch
6 Eier
600 g Nudeln

Nährwerte p. P.

380 kcal
24 g Kohlenhydrate
22 g Fett
16 g Eiweiß

1 Heizen Sie den Dampfgarer auf 100 °C vor. Kochen Sie die Nudeln wie üblich in Salzwasser al dente und schrecken Sie sie kalt ab. Alternativ können Sie auch im Backofen dämpfen.

2 Erhitzen Sie das Öl in einer Pfanne, schälen und hacken Sie die Zwiebel und braten Sie sie darin an. Fügen Sie die gehackte Petersilie hinzu.

3 Geben Sie die Nudeln in eine Schüssel und vermischen Sie sie mit der Zwiebelmischung, dem Schinken, der Milch und den Eiern. Rühren Sie dann den Käse hinein und würzen Sie mit Pfeffer und Salz.

4 Streichen Sie eine Auflaufform mit Butter aus, geben Sie die Nudelmenge hinein und dämpfen Sie alles für 40 Minuten. Zuletzt garnieren Sie mit dem geriebenen Parmesan.

BOLOGNESE – NUDELN MIT HACKFLEISCHSOßE

6 Port. | 2 Std. 20 Min. | Mittel

Zutaten

einen Schuss Sahne
Pfeffer und Salz
etwas Olivenöl und Butter
100 ml Gemüsebrühe
100 ml Vollmilch
100 ml Rotwein
300 g geschälte Tomaten
50 g fein gewürfelte Zwiebel
50 g fein gewürfelter Stangensellerie
50 g fein gewürfelte Karotten
150 g Pancetta (Schweinespeck)
300 g mageres, gehacktes Rindfleisch
500 g Nudeln

Nährwerte p. P.

125 kcal
17 g Kohlenhydrate
4 g Fett
6 g Eiweiß

1 Bereiten Sie zunächst die Zutaten nach der Zutatenliste vor.

2 Würfeln Sie den Schweinespeck und braten Sie ihn in einer großen Pfanne an. Geben Sie dann 50 g Butter sowie 3 EL Öl dazu. Fügen Sie das Rindfleisch hinzu, rühren Sie um und braten Sie es an.

3 Löschen Sie die Menge mit dem Rotwein ab und rühren Sie, bis der Wein verdampft ist. Geben Sie die Gemüsebrühe sowie die geschälten Tomaten dazu und legen Sie einen Deckel auf die Pfanne. Lassen Sie alles für zwei Stunden köcheln. Kurz vor Ende der Garzeit geben Sie die Milch dazu und schmecken mit Pfeffer und Salz ab.

4 Wenn Sie frische Nudeln verwenden, geben Sie keine Sahne mehr dazu. Verwenden Sie trockene Nudeln, geben Sie nach der Garzeit einen Schuss Sahne in die Bolognesesoße.

RISOTTO MILANESE – REIS MIT KRÄUTERN UND WEIẞWEINSOẞE

4 Port. | 40 Min. | Mittel

Zutaten

1 Bund gemischte Kräuter
1 Prise Pfeffer
1 Prise Salz
1 TL Zitronensaft
150 ml Weißwein
1 Zwiebel
1 EL Olivenöl
80 g Butter
80 g Parmesan
1,5 l Hühnerfond
1 Pck. Safranfäden
400 g Risottoreis

Nährwerte p. P.

467 kcal
14 g Kohlenhydrate
4 g Fett
3 g Eiweiß

1 Erhitzen Sie zunächst den Hühnerfond in einem Topf. Erwärmen Sie die Hälfte der Butter sowie das Olivenöl in einem weiteren Topf, schälen und hacken Sie die Zwiebel und schwitzen Sie sie in der Öl-Butter-Mischung glasig an. Lösen Sie den Safran in zwei Esslöffel heißer Brühe auf.

2 Geben Sie den Reis zur Zwiebel und dünsten Sie ihn unter Rühren an, bis er ebenfalls glasig ist. Jetzt geben Sie eine Tasse heiße Brühe dazu und rühren die Menge, bis die Flüssigkeit verdampft ist.

3 Wiederholen Sie den Vorgang, bis die Brühe aufgebraucht ist. Nach etwa 15 Minuten des Einrührens geben Sie die Safranfäden dazu. Nach weiteren zehn Minuten geben Sie den Parmesan sowie die übrige Butter dazu.

4 Schmecken Sie die Menge am Ende mit Weißwein, Zitronensaft, Kräutern, Pfeffer und Salz ab. Schließen Sie den Topf und lassen Sie alles zusammen eine Minute ziehen.

ARRANCINI – ITALIENISCHE KROKETTEN MIT REIS

18 Port. | 50 Min. | Leicht

Zutaten

etwas Oregano, Basilikum und Knoblauch
Fett zum Backen
etwas grobes Paniermehl
Pfeffer und Salz
500 g passierte Tomaten
4 Eier
250 g Mozzarella
1 ½ EL Zucker
1 Dose Erbsen
300 g Hackfleisch
240 g geriebener Parmesan
2 l Brühe
1 kg Reis
150 g Butter
6 Zwiebeln
250 ml Wasser

Nährwerte p. P.

431 kcal
28 g Kohlenhydrate
9 g Fett
11 g Eiweiß

1 Schälen und würfeln Sie die Zwiebeln und dünsten Sie diese in Butter an. Geben Sie den Reis dazu und dünsten Sie ihn leicht mit an. Löschen Sie die Menge mit der Brühe ab und lassen Sie alles für 30 Minuten leicht köcheln.

2 Nehmen Sie den Topf vom Herd und geben Sie den Mozzarella dazu. Verrühren Sie die Menge so lange, bis sie nur noch lauwarm ist.

3 Braten Sie das Hackfleisch in einer Pfanne an und würzen Sie dieses mit Pfeffer und Salz. Geben Sie die Erbsen, das Wasser sowie die Tomaten dazu. Schmecken Sie mit den Gewürzen sowie mit dem Zucker ab.

4 Formen Sie jetzt den warmen Reis zu Bällchen, drücken Sie ein Loch in jedes Bällchen und füllen Sie das Hackfleisch hinein. Verschließen Sie das Loch wieder.

5 Geben Sie die Eier in eine Schüssel, verquirlen Sie sie und geben Sie das Paniermehl auf einen Teller. Ziehen Sie die Bällchen durch die Eiermenge und wenden Sie sie im Paniermehl. Backen Sie die Bällchen in einer Pfanne mit Fett aus.

SALTIMBOCCA – KALBSSCHNITZEL MIT SALBEI

4 Port. | 25 Min. | Leicht

Zutaten

125 ml trockener Weißwein
Pfeffer aus der Mühle
etwas Salz
4 EL Butter
8 mittelgroße Salbeiblätter
8 dünne, rohe Scheiben Schinken
8 kleine Kalbsschnitzel

Nährwerte p. P.

315 kcal
3 g Kohlenhydrate
17 g Fett
80 g Eiweiß

1 Klopfen Sie zunächst die Schnitzel schön flach. Geben Sie dann je eine Scheibe Schinken auf ein Schnitzel und bedecken Sie den Schinken mit je einem Salbeiblatt. Befestigen Sie alles mit einem Zahnstocher.

2 Zerlassen Sie jetzt zwei Esslöffel Butter in einer Pfanne, geben Sie die Hälfte der Schnitzel hinein und braten Sie sie beidseitig je zwei Minuten. Würzen Sie mit Salz und Pfeffer. Wiederholen Sie den Vorgang mit den übrigen beiden Schnitzeln.

3 Nehmen Sie das Fleisch heraus und gießen Sie den Weißwein in die Pfanne. Kochen Sie den Wein auf und kratzen Sie die Absätze vom Pfannenboden ab. Geben Sie die übrige Butter dazu und verrühren Sie die Menge, bis sich die Butter aufgelöst hat. Kochen Sie die Soße noch einmal auf, bevor Sie sie zum Fleisch servieren.

OSSOBUCO – SCHMORTOPF MIT KALB UND GEMÜSE

4 Port. | 2 Std. | Leicht

Zutaten

4 EL Olivenöl
geriebener Parmesan
50 g Butter
etwas Safran
500 g Arborio-Reis (Risotto-Reis)
300 ml Weißwein
300 ml Rotwein
Pfeffer und Salz
Oregano, Salbei und Rosmarin
1 Knoblauchzehe
400 g passierte Tomaten
1 Dose Pomodorini (aromatische Tomaten)
1 rote Zwiebel
3 Möhren
1 Staudensellerie
1 l Gemüsebrühe
4 Kalbsbeinscheiben
etwas Mehl

Nährwerte p. P.

330 kcal
18 g Kohlenhydrate
15 g Fett
21 g Eiweiß

1 Waschen Sie zunächst das Gemüse, schneiden Sie es klein und kochen Sie die Gemüsebrühe ab. Waschen Sie das Fleisch, tupfen Sie es trocken und würzen Sie es beidseitig mit Pfeffer und Salz. Wenden Sie es leicht im Mehl.

2 Lassen Sie nun einen Schmortopf heiß werden, geben Sie das Olivenöl hinein und rösten Sie das Fleisch von beiden Seiten darin. Geben Sie das Gemüse dazu und dünsten Sie es an.

3 Löschen Sie die Menge mit dem Rotwein ab und geben Sie alle Kräuter gewaschen und geschnitten dazu. Dann geben Sie die passierten Tomaten sowie Pomodorini dazu und gießen mit 350 ml Brühe auf.

4 Würzen Sie kräftig mit Pfeffer und Salz und geben Sie den Topf in den auf 180 °C Umluft vorgeheizten Backofen. Lassen Sie alles für 1,5 Stunden garen. Etwa 20 Minuten vor Ende der Garzeit setzen Sie einen Topf für den Reis auf und geben ihn hinein.

5 Rösten Sie den Reis kurz an, löschen Sie mit dem Weißwein ab und geben Sie den Safran dazu. Fügen Sie einen Esslöffel Butter dazu und lassen Sie die Menge einkochen. Gießen Sie nach und nach die übrige Brühe dazu. Kurz vor dem Servieren geben Sie den Parmesan sowie die übrige Butter dazu.

6 Nehmen Sie Gemüse und Fleisch aus dem Ofen, passieren Sie das Gemüse durch ein Sieb und verteilen Sie es auf die Teller. Geben Sie das Fleisch darauf und verteilen Sie die Soße darauf. Geben Sie etwas Gemüse aus dem Sieb dazu und reiben Sie etwas Parmesan über die Menge. Würzen Sie mit Pfeffer nach.

STUFATO – ITALIENISCHES GESCHMORTES RINDFLEISCH

4 Port. | 2,5 Std. | Leicht

Zutaten

2 EL Rübenkraut
10 kleine Schalotten
1 Knoblauchzehe
2 Möhren
2 Zwiebeln
1 Stange Staudensellerie
300 g kleine Kartoffeln
200 ml Rinderbrühe
500 ml trockener Rotwein
800 g Rindfleisch aus der Keule
Etwas Pfeffer und Meersalz
1 EL Tomatenmark

Nährwerte p. P.

333 kcal
3 g Kohlenhydrate
1 g Fett
10 g Eiweiß

1 Schneiden Sie zunächst das Rindfleisch in Würfel, schälen und hacken Sie den Knoblauch. Vermischen Sie Knoblauch und Fleisch mit Pfeffer und Olivenöl. Geben Sie die Menge in einen Gefrierbeutel und lassen Sie sie über Nacht im Kühlschrank ziehen.

2 Braten Sie das Fleisch in einem Topf scharf an und wenden Sie zwischendurch. Schälen und hacken Sie die Zwiebeln, geben Sie sie dazu und braten Sie sie mit an. Geben Sie das Tomatenmark dazu und rösten Sie die Menge, löschen Sie dann mit der Brühe ab.

3 Waschen und hacken Sie das Gemüse (außer den Schalotten) klein, geben Sie es in den Topf und bedecken Sie das Gemüse mit Wein. Heizen Sie den Backofen auf 120 °C Ober-/Unterhitze vor und geben Sie den Topf für zwei Stunden hinein. Rühren Sie zwischendurch um.

4 Schälen und würfeln Sie Kartoffeln und Schalotten und geben Sie diese 30 Minuten vor Ende der Garzeit dazu. Zuletzt schmecken Sie den Schmortopf mit dem Rübenkraut sowie etwas Meersalz ab.

PICCATA MILANESE – SCHWEINEFLEISCH IN KÄSE-ÖL-MANTEL

2 Port. | 30 Min. | Leicht

Zutaten

250 ml Öl
4 dünne Schweinskarree
1 Prise Salz
2 EL Mehl
60 g frisch geriebener Parmesan
2 Eier

Nährwerte p. P.

420 kcal
2 g Kohlenhydrate
38 g Fett
5 g Eiweiß

1 Verquirlen Sie die Eier und vermischen Sie sie mit dem Parmesan. Salzen Sie das Fleisch und wenden Sie es im Mehl. Ziehen Sie das Fleisch anschließend durch die Ei-Käse-Mischung.

2 Erhitzen Sie das Öl in einer Pfanne, legen Sie das Fleisch hinein und braten Sie es von beiden Seiten goldgelb.

3 Optimalerweise servieren Sie Piccata Milanese zu Spaghetti mit Tomatensoße.

RIGATONI AL FORNO – NUDELAUFLAUF MIT SAHNESOSSE

4 Port. | 4 Std. 10 Min. | Leicht

Zutaten

Für die Sahnesoße:
schwarzer Pfeffer
etwas Salz
natives Olivenöl
200 ml frische Sahne
100 g Erbsen
400 g Champignons
125 g Guanciale (ungeräucherter Speck)
1 Zwiebel

Zudem:
200 g Mozzarella
400 g Rigatoni (Nudeln)

Für die Bolognese:
Etwas schwarzer Pfeffer und Salz
1 EL natives Olivenöl
750 ml Wasser
50 ml trockener Weißwein
50 ml Vollmilch
Je 50 g Sellerie und Karotten
1 Zwiebel
400 g passierte Tomaten
Je 100 g Rinderhackfleisch und Schweinehackfleisch

Nährwerte p. P.

197 kcal
17 g Kohlenhydrate
9 g Fett
9 g Eiweiß

1 Schälen Sie die Zwiebel, Sellerie und Karotten und schneiden Sie alles klein. Erhitzen Sie das Olivenöl in einem hohen Topf und geben Sie das Gemüse hinein. Schmoren Sie alles für zehn Minuten bei niedriger Hitze. Geben Sie dann Rinder- und Schweinehackfleisch dazu und braten Sie dieses unter Rühren braun an. Löschen Sie mit dem Wein ab und lassen Sie ihn einreduzieren. Geben Sie jetzt ein Drittel des Wassers, Salz und die passierten Tomaten dazu. Rühren Sie um und lassen Sie die Menge für eine Stunde kochen.

2 Geben Sie dann das zweite Drittel Wasser dazu, rühren Sie erneut um und köcheln Sie alles für eine weitere Stunde. Am Ende dieser Stunde geben Sie das übrige Wasser dazu. Würzen Sie erneut mit Pfeffer und Salz und geben Sie die Milch dazu.

3 Kochen Sie die Nudeln in Salzwasser al dente und heizen Sie den Backofen auf 200 °C Umluft vor. Schälen und würfeln Sie die Zwiebel, würfeln Sie auch den Guanciale. Waschen Sie die Champignons und schneiden Sie diese in Scheiben.

4 Erhitzen Sie etwas Öl in einer kleinen Pfanne und braten Sie Speck und Zwiebel darin an. Geben Sie die Champignons dazu, bis das austretende Wasser verdampft ist. Geben Sie jetzt Sahne, Erbsen und Bolognesesoße dazu und kochen Sie alles zusammen auf.

5 Stellen Sie nun vier kleine Auflaufformen bereit und geben Sie etwas Soße hinein. Anschließend verteilen Sie die fertigen Nudeln darin. Übergießen Sie die Nudeln mit etwas weiterer Soße und füllen Sie mit der Soße komplett auf. Schneiden Sie den Mozzarella in Scheiben und geben Sie ihn obendrauf.

6 Garen Sie alles für 15 Minuten im Ofen.

Rezepte mit Fisch

PASTA ALLA PUTTANESCA – SPAGHETTI MIT SARDELLEN UND TOMATEN

4 Port. | 20 Min. | Leicht

Zutaten

1 TL exotischer Pfeffer
Zucker
1 EL baskische Chili
40 g Kapern
5 EL Olivenöl
etwas Salz
400 g Spaghetti
4 Stiele glatte Petersilie
700 g kleine Strauchtomaten
20 g Sardellenfilets
40 g schwarze Oliven, entsteint
1 Knoblauchzehe

Nährwerte p. P.

421 kcal
77 g Kohlenhydrate
6 g Fett
14 g Eiweiß

1 Schälen und hacken Sie zunächst den Knoblauch. Halbieren Sie die Oliven und hacken Sie sie ebenfalls. Lassen Sie die Sardellen abtropfen und hacken Sie auch diese klein. Waschen und halbieren Sie die Tomaten. Waschen Sie die Petersilie, zupfen Sie die Blätter ab und schneiden Sie sie grob klein.

2 Garen Sie die Spaghetti wie üblich in Salzwasser gar, geben Sie sie in ein Sieb und lassen Sie sie abtropfen. Fangen Sie etwa 300 ml Nudelwasser auf.

3 Erhitzen Sie nun das Olivenöl in einer beschichteten Pfanne und dünsten Sie Sardellen und Knoblauch bei mittlerer Hitze und unter Rühren darin an. Sobald die Sardellen zerfallen, geben Sie eine Prise Zucker, baskische Chili, Tomaten, Kapern und Oliven dazu. Dünsten Sie alles zusammen für weitere drei Minuten.

4 Geben Sie nun die Menge aus der Pfanne mit Nudelwasser und Nudeln in einen großen Topf und kochen Sie die Menge bei starker Hitze sämig ein. Schmecken Sie dann mit Pfeffer und Salz ab und garnieren Sie mit der Petersilie.

CALAMARI FRITTI – PANIERTE TINTENFISCHRINGE

2 Port. 20 Min. Mittel

Zutaten

1 Zitrone zum Garnieren
½ TL gemahlener schwarzer Pfeffer
1 TL getrockneter Oregano
1 TL Salz
200 g Weizenmehl
300 ml Sonnenblumenöl
800 g in Ringe geschnittener Tintenfisch

Nährwerte p. P.

175 kcal
8 g Kohlenhydrate
7 g Fett
18 g Eiweiß

1 Erhitzen Sie zunächst das Öl in einer Pfanne auf etwa 170 °C. Vermischen Sie Mehl, Tintenfischringe, Pfeffer, Salz und Oregano in einer Schüssel, sodass die Tintenfischringe richtig paniert werden.

2 Braten Sie die Tintenfischringe nach und nach im heißen Öl, bis sie sich bräunlich verfärben.

PESCE ALL'ACQUA PAZZA – POCHIERTER FISCH

2 Port. | 30 Min. | Mittel

Zutaten

etwas Brot zum Servieren
Pfeffer und Meersalz
Olivenöl
1 Zitrone
10 schwarze Oliven aus dem Glas
3 EL Olivenöl
2 EL Petersilie
½ Chili
3 Knoblauchzehen
200 g Kirschtomaten
2 Frühlingszwiebeln
1 Karotte
½ Fenchel
150 ml Weißwein
300 ml Wasser
4 Wolfsbarschfilets

Nährwerte p. P.

661 kcal
19 g Kohlenhydrate
38 g Fett
50 g Eiweiß

1 Schneiden Sie zunächst den Fenchel klein. Schälen Sie die Karotte und schneiden Sie diese in Scheiben. Geben Sie Karotte und Fenchel in eine Schüssel. Schneiden Sie die Frühlingszwiebeln klein und geben Sie sie dazu. Halbieren Sie die Tomaten, hacken Sie die Chili, waschen und zerkleinern Sie die Petersilie und schälen Sie den Knoblauch. Schneiden Sie ihn in dünne Scheiben.

2 Erhitzen Sie das Olivenöl bei mittlerer Hitze in einer Pfanne. Geben Sie Fenchel, Frühlingszwiebeln und Karotte hinein und schwitzen Sie alles für vier Minuten an. Geben Sie die Hälfte der Petersilie, Oliven, Chili, Knoblauch und Tomaten dazu und schwenken Sie die Menge für zwei Minuten. Würzen Sie dann mit Pfeffer und Salz.

3 Löschen Sie die Menge jetzt mit dem Weißwein ab und gießen Sie mit etwas Wasser auf. Kochen Sie die Menge auf und nehmen Sie dann etwas Hitze weg. Geben Sie die Fischfilets auf das Gemüse und bestreuen Sie sie mit etwas Salz. Legen Sie dann einen Deckel auf die Pfanne und dämpfen Sie alles für vier Minuten.

4 Waschen Sie die Zitrone, reiben Sie etwas Schale ab und pressen Sie den Saft aus. Geben Sie beides mit einem Schuss Olivenöl und der übrigen Petersilie in eine Schüssel und verrühren Sie die Menge. Beträufeln Sie den fertigen Fisch mit dem Petersilien-Öl. Servieren Sie Fisch und Gemüse mit frischem Brot.

BRODETTO – ITALIENISCHE FISCHSUPPE MIT MUSCHELN

4 Port. | 40 Min. | Mittel

Zutaten

1 Lorbeerblatt
Pfeffer und Salz
1 Bund Petersilie
250 ml trockener Weißwein
400 g geschälte Tomaten aus der Dose
2 Knoblauchzehen
1 Msp. Safran
1 eingelegte Pfefferoni (kleine, scharfe Paprikaschote)
4 Sardellenfilets
100 ml Olivenöl
1 Bund Jungzwiebeln
300 g kleiner Tintenfisch
800 g Muscheln
Je 300 g Scampi, Riesengarnelen und Seeteufel
300 ml Wasser

Nährwerte p. P.

724 kcal
20 g Kohlenhydrate
32 g Fett
77 g Eiweiß

1 Waschen und würfeln Sie zunächst den Fisch. Lösen Sie Scampi und Garnelen aus und putzen Sie Tintenfische und Muscheln. Schneiden Sie die Jungzwiebeln in Würfel und schwitzen Sie sie in einer Pfanne in Öl an. Geben Sie die Muscheln dazu und rösten Sie sie im Öl, bis sie sich öffnen. Rösten Sie Schalen und Knorpel weiter, gießen Sie dann mit 300 ml Wasser an.

2 Hacken Sie nun die Sardellen klein und geben Sie Sardellen sowie Safran, Lorbeerblatt und Pfefferoni mit in die Pfanne. Würzen Sie mit Pfeffer und Salz, lassen Sie alles für 20 Minuten köcheln und seihen Sie dann den Sud ab.

3 Schälen und hacken Sie währenddessen den Knoblauch und geben Sie ihn in eine separate Pfanne. Schwitzen Sie den Knoblauch mit einem weiteren Schuss Öl an. Geben Sie die Tomaten dazu, kochen Sie die Menge auf und löschen Sie dann mit dem Weißwein ab. Gießen Sie dann den Sud dazu. Fügen Sie die Tintenfische hinzu und lassen Sie alles für zehn Minuten ziehen.

4 Legen Sie nun Garnelen, Scampi und Fisch dazu und lassen Sie die Menge für weitere vier Minuten ziehen. Zuletzt geben Sie die Muschelmenge dazu und schmecken mit Pfeffer und Salz ab. Nehmen Sie das Lorbeerblatt aus der Suppe.

RIGATONI SUGO – SEELACHSFILET MIT NUDELN

4 Port. | 50 Min. | Leicht

Zutaten

600 g Seelachfilet
1 EL Tomatenmark
1 EL Zitronensaft
etwas Mehl, Pfeffer und Zucker
500 ml Gemüsebrühe
800 g geschälte Tomaten
4 EL Öl
1 Zweig Rosmarin
2 Knoblauchzehen
1 Zwiebel
etwas Salz
1 Aubergine
350 g Rigatoni

Nährwerte p. P.

525 kcal
58 g Kohlenhydrate
14 g Fett
38 g Eiweiß

1 Waschen Sie die Aubergine und schneiden Sie sie in Scheiben. Bestreuen Sie die Scheiben von beiden Seiten mit Salz und lassen Sie sie zehn Minuten liegen. Schälen Sie Knoblauch und Zwiebel, schneiden Sie die Zwiebel in Ringe, zerdrücken Sie den Knoblauch. Waschen Sie den Rosmarin und zupfen Sie die Nadeln ab. Tupfen Sie nun die Scheiben der Aubergine ab und schneiden Sie sie in Würfel.

2 Erhitzen Sie zwei Esslöffel Öl in einer großen Pfanne und braten Sie die Auberginenwürfel darin braun an. Geben Sie Rosmarin und Knoblauch dazu, braten Sie beides mit. Löschen Sie dann mit der Brühe und den Tomaten ab und kochen Sie die Menge auf.

3 Jetzt geben Sie die Nudeln dazu und kochen diese abgedeckt bissfest. Anschließend rühren Sie das Tomatenmark hinein und schmecken mit Zucker, Pfeffer und Salz ab. Lassen Sie die Menge noch ein wenig einkochen.

4 Waschen Sie den Fisch und tupfen Sie ihn trocken. Beträufeln Sie den Fisch beidseitig mit etwas Zitronensaft und würzen Sie mit Pfeffer und Salz. Schneiden Sie den Fisch dann in vier Portionen und wenden Sie diese in etwas Mehl.

5 Erhitzen Sie das übrige Öl in einer weiteren Pfanne und braten Sie den Fisch darin von beiden Seiten durch. Servieren Sie Ihr Rigatoni Sugo.

PESCE SPADA SALMORIGLIO – SCHWERTFISCH IN ÖL UND ZITRONE

2 Port. | 40 Min. | Leicht

Zutaten

Pfeffer und Salz
4 EL Olivenöl
2 EL Zitronensaft
1 Knoblauchzehe
1 EL glatte Petersilie
2 EL Oregano
375 g Schwertfisch in 2 Scheiben

Nährwerte p. P.

463 kcal
2 g Kohlenhydrate
34 g Fett
39 g Eiweiß

1 Waschen Sie den Fisch und ölen Sie ihn leicht ein. Heizen Sie einen Grill an und geben Sie den Fisch auf einen Rost über der Glut. Grillen Sie den Fisch auf beiden Seiten, je etwa fünf Minuten.

2 Verrühren Sie den Zitronensaft mit dem Olivenöl und würzen Sie die Menge mit Salz und Pfeffer. Waschen und hacken Sie die Kräuter, schälen und hacken Sie den Knoblauch. Geben Sie alles zur Ölmarinade dazu und verrühren Sie die Menge gründlich.

3 Streichen Sie die Marinade über den fertigen Fisch.

TAGLIATELLA AL SALMONE – TAGLIATELLE MIT LACHS

2 Port. | 20 Min. | Leicht

Zutaten

2 EL frischer Dill
2 Kellen Nudelwasser
2 Knoblauchzehen
1 Prise Muskat
2 EL Olivenöl
½ TL Pfeffer
1 TL Salz
2 EL Weißwein
Saft einer Limette
200 g Kirschtomaten
250 ml Sahne
300 g Tagliatelle
300 g Lachsfilet

Nährwerte p. P.

463 kcal
2 g Kohlenhydrate
34 g Fett
39 g Eiweiß

1 Erhitzen Sie zunächst einen Esslöffel Öl in einer Pfanne. Setzen Sie das Wasser für die Nudeln auf. Schneiden Sie den Lachs grob in kleine Stücke. Schälen und hacken Sie den Knoblauch, waschen und halbieren Sie die Tomaten. Geben Sie die Nudeln ins Salzwasser.

2 Braten Sie den Lachs in der Pfanne scharf an, löschen Sie dann mit Limettensaft und Weißwein ab. Braten Sie den Lachs für eine weitere Minute, nehmen Sie ihn dann aus der Pfanne.

3 Geben Sie erneut einen in die Pfanne und braten Sie Tomaten und Knoblauch darin an. Sobald der Knoblauch bräunt, zerdrücken Sie die Tomaten und gießen mit der Sahne auf. Lassen Sie die Soße köcheln und geben Sie zwei Kellen Nudelwasser dazu. Köcheln Sie alles, bis die Soße eindickt. Rühren Sie Gewürze und Kräuter dazu und gießen Sie die Nudeln ab.

4 Servieren Sie Ihre Pasta mit der köstlichen Soße sowie dem Lachs.

LACHS-PICCATA – LACHS-ZUCCHINI-PFANNE

4 Port. 25 Min. Leicht

Zutaten

3 EL Mehl
Je 1 EL getrockneter Salbei und Thymian
2 TL getrockneter Oregano
1 TL grünes Salz
100 g Rucola
250 g Kirschtomaten
3 Zucchini
1 EL Maismehl
180 ml Hühnerbrühe
100 ml Weißwein
4 Knoblauchzehen
2 EL Butter
4 EL Kapern
2 Zitronen
4 Lachsfilets ohne Haut
etwas frisches Basilikum

Nährwerte p. P.

159 kcal
8 g Kohlenhydrate
9 g Fett
21 g Eiweiß

1 Tupfen Sie die Lachsfilets zunächst mit einem Küchenpapier ab und würzen Sie sie mit Pfeffer und Salz. Waschen Sie die Zitronen, reiben Sie etwas Schale ab und pressen Sie den Saft aus. Schälen und hacken Sie den Knoblauch.

2 Geben Sie nun die getrockneten Kräuter mit dem grünen Salz sowie dem Zitronenabrieb zusammen. Geben Sie drei Esslöffel Mehl dazu und reiben Sie die Lachsfilets mit der Mischung ein.

3 Erhitzen Sie die Butter hälftig in einer Pfanne und braten Sie die Filets auf jeder Seite vier Minuten lang an. Nehmen Sie die Filets aus der Pfanne. Erhitzen Sie die übrige Butter und braten Sie den Knoblauch darin an.

4 Waschen Sie das Basilikum und hacken Sie die Blätter klein. Schneiden Sie die Zucchini in dünne Scheiben, halbieren Sie die Tomaten.

5 Löschen Sie den Knoblauch mit dem Weißwein ab, rühren Sie die Menge um und geben Sie den Zitronensaft sowie die Hälfte der Brühe dazu. Lassen Sie die Menge etwas köcheln und geben Sie dann die übrige Brühe sowie das Maismehl hinein. Lassen Sie die Soße eindicken, nehmen Sie sie vom Herd und legen Sie die Fischfilets hinein.

6 Waschen Sie jetzt den Rucola und vermischen Sie ihn mit einem Esslöffel Öl sowie den Tomaten. Verteilen Sie den Salat auf die Teller, geben Sie die Zucchinischeiben darauf und legen Sie den Fisch darauf. Garnieren Sie mit Kapern, Basilikum und einigen Zitronenscheiben.

Vegetarische Gerichte

BAVETTE CON SALSA DI POMODORO – PASTA MIT TOMATENSOSSE

4 Port. | 1 Std. | Leicht

Zutaten

etwas Oregano
etwas Parmesan
300 g zerrupfte Burrata (Frischkäse)
250 g Bavette (Kuhflanke)
Pfeffer und Salz
½ TL Zucker
½ TL getrocknetes Basilikum
¼ Würfel Bouillon
1 Dose Pelati (280 g)
60 g getrocknete Tomaten in Öl
2 gepresste Knoblauchzehen
80 g schwarze Oliven
1 große, gehackte Zwiebel
1 ½ EL Olivenöl
etwas Olivenöl

Nährwerte p. P.

631 kcal
81 g Kohlenhydrate
12 g Fett
32 g Eiweiß

1 Bereiten Sie die Zutaten nach der Zutatenliste vor. Dünsten Sie die Zwiebel in Olivenöl in einer Pfanne glasig an. Geben Sie die getrockneten Tomaten, Knoblauch und Oliven dazu und dünsten Sie diese mit. Löschen Sie mit der Dose Pelati ab. Geben Sie dann die Gewürze sowie die Brühe dazu und lassen Sie alles auf niedriger Stufe köcheln.

2 Schmecken Sie nach 20 Minuten ab und würzen Sie nach Bedarf nach. Lassen Sie die Soße weitere 15 Minuten köcheln. Kochen Sie währenddessen die Pasta in Salzwasser al dente.

3 Richten Sie die fertige Pasta mit der Soße auf Tellern an und garnieren Sie mit Oregano, Parmesan und Burrata. Beträufeln Sie Ihre Pasta mit etwas Olivenöl.

PIZZA MARGHERITA

4 Port. | 2 Std. 20 Min. | Leicht

Zutaten

Für den Teig:
5 g Hefe
10 g Salz
35 g natives Olivenöl
300 ml lauwarmes Wasser
30 g Hartweizengrieß
270 g Mehl Type 00
200 g Weizenmehl Type 405

Für den Belag:
1 TL schwarzer Pfeffer
1 TL Salz
1 EL getrockneter Oregano
500 g San Marino Tomaten (passiert)
natives Olivenöl
Basilikum nach Belieben
Mozzarella nach Belieben

Nährwerte p. P.

542 kcal
66 g Kohlenhydrate
11 g Fett
17 g Eiweiß

1 Vermischen Sie zunächst Oregano mit Pfeffer, Salz und passierten Tomaten. Heizen Sie den Backofen auf 250 °C Ober- /Unterhitze vor.

2 Lösen Sie die Hefe in Wasser auf und geben Sie beide Mehle sowie das Salz und den Grieß in eine Schüssel. Geben Sie die Hefemischung nach und nach dazu und kneten Sie alles zu einem geschmeidigen Teig. Formen Sie den Teig zu einer Kugel und lassen Sie ihn abgedeckt für zwei Stunden gehen.

3 Anschließend kneten Sie den Teig erneut durch, formen ihn zu etwa 250 g schweren, kleineren Kugeln und lassen die Kugeln abgedeckt weitere 30 Minuten gehen. Im Anschluss rollen Sie die Kugeln zu vier Pizzen aus.

4 Zupfen Sie den Mozzarella mit den Händen in kleine Stücke. Streichen Sie die Tomatensoße auf den Teig und belegen Sie ihn mit dem Mozzarella. Backen Sie Ihre Pizza für zehn Minuten im vorgeheizten Backofen. Garnieren Sie mit den gewaschenen Basilikumblättern und beträufeln Sie alles mit etwas Olivenöl.

CIAMBOTTA – ITALIENISCHER SCHMORTOPF

2 Port. | 30 Min. | Leicht

Zutaten

1 Ciabatta-Brot
Pfeffer aus der Mühle und Salz
1 EL Balsamicoessig
1 Bund Basilikum
2 EL Olivenöl
1 grüne Peperoni
2 Knoblauchzehen
1 weiße Gemüsezwiebel
1 ½ Dosen stückige Tomaten
1 gelbe Paprika
200 g Auberginen

Nährwerte p. P.

230 kcal
17 g Kohlenhydrate
10 g Fett
22 g Eiweiß

1 Waschen Sie zunächst die Paprika sowie die Auberginen und schneiden Sie beides in mundgerechte Stücke. Schälen und würfeln Sie die Zwiebel. Waschen, entkernen und hacken Sie die Peperoni. Schälen Sie den Knoblauch.

2 Erhitzen Sie das Olivenöl in einer Pfanne und braten Sie Paprika, Zwiebel und Auberginen darin an. Pressen Sie den Knoblauch und geben Sie Knoblauch und Peperoni dazu. Braten Sie alles zusammen für fünf Minuten. Geben Sie dann die stückigen Tomaten dazu und bringen Sie die Menge zum Köcheln. Kochen Sie die Menge so lange, bis das Gemüse gar aber noch bissfest ist.

3 Rühren Sie dann den Essig in die Menge und würzen Sie mit Pfeffer und Salz. Richten Sie das Gemüse an und garnieren Sie mit gewaschenen Basilikumblättern. Servieren Sie das Ciabatta-Brot dazu.

PARMIGGIANA - GEMÜSEAUFLAUF

4 Port.　1 Std. 20 Min.　Leicht

Zutaten

Pfeffer und Salz
50 g geriebener Parmesan
250 g Mozzarella
100 ml Olivenöl
2 Knoblauchzehen
1 große Zwiebel
Je 1 TL gerebelter, getrockneter Salbei, Oregano und Rosmarin
2 Dosen (a 400 g) stückige Tomaten
2 große Auberginen

Nährwerte p. P.

363 kcal
16 g Kohlenhydrate
20 g Fett
24 g Eiweiß

1 Waschen Sie zunächst die Auberginen, entfernen Sie den Strunk und schneiden Sie sie in etwa 1 cm breite Scheiben. Legen Sie die Scheiben nebeneinander auf Küchenpapier, salzen Sie sie und lassen Sie sie fünf Minuten lang ziehen. Tupfen Sie das austretende Wasser ab.

2 Schälen und hacken Sie den Knoblauch und die Zwiebel. Braten Sie beides in einem Topf in Olivenöl an. Geben Sie dann die Kräuter sowie die Tomaten dazu und lassen Sie die Menge bei schwacher Hitze köcheln. Würzen Sie mit Pfeffer und Salz.

3 Heizen Sie den Ofen auf 180 °C Ober- /Unterhitze vor. Schneiden Sie den Mozzarella in Scheiben. Erhitzen Sie drei Esslöffel Olivenöl in einer Pfanne und braten Sie die Auberginen beidseitig darin an. Bestreichen Sie dann eine Auflaufform mit Olivenöl.

4 Schichten Sie nun die Zutaten in die Form hinein. Zuerst eine Aubergine, dann Tomatensoße, anschließend Mozzarella und Parmesan. Wiederholen Sie den Vorgang, bis die Zutaten aufgebraucht sind und geben Sie die übrige Soße sowie den übrigen Käse obendrauf.

5 Garen Sie Ihre Parmiggiana nun für 45 - 60 Minuten.

PASTA AL LIMONE – ITALIENISCHE ZITRONENPASTA

2 Port. | 20 Min. | Leicht

Zutaten

Pfeffer und Salz
etwas Parmesankäse zum Garnieren
300 ml Nudelwasser
25 ml Olivenöl
25 g Butter
10 g Petersilie
½ Chili
25 g Parmesankäse
1 Knoblauchzehe
½ Zitrone
200 g Tagliatelle

Nährwerte p. P.

631 kcal
78 g Kohlenhydrate
27 g Fett
19 g Eiweiß

1 Füllen Sie zunächst einen großen Topf hälftig mit Wasser und bringen Sie das Wasser zum Kochen. Schälen Sie den Knoblauch und zerdrücken Sie ihn. Waschen Sie die Zitrone, reiben Sie die Schale ab und pressen Sie den Saft aus. Reiben Sie den Parmesan klein und schneiden Sie die Chili in Scheiben. Waschen und hacken Sie die Petersilie.

2 Erhitzen Sie das Öl und die Butter bei mittlerer Hitze in einer Pfanne. Geben Sie Chili und Knoblauch dazu und erhitzen Sie beides unter Rühren. Salzen Sie das Nudelwasser und geben Sie die Nudeln in den Topf und kochen Sie sie al dente. Kurz vor Ende der Garzeit geben Sie den Zitronenabrieb sowie den Saft in die Pfanne zum Knoblauch und würzen mit Pfeffer und Salz.

3 Schöpfen Sie 300 ml Nudelwasser ab und geben Sie es ebenfalls in die Pfanne. Lassen Sie die Menge einige Minuten lang sprudeln. Geben Sie jetzt die Nudeln in die Pfanne und schwenken Sie sie. Sobald die Menge eindickt, nehmen Sie sie vom Herd und rühren den Parmesan hinein.

4 Garnieren Sie Ihre Pasta al Limone mit etwas Petersilie und nach Bedarf mit weiterem Zitronenabrieb und Parmesan.

SPAGHETTI NAPOLI – SPAGHETTI MIT TOMATENSOẞE

4 Port. 20 Min. Leicht

Zutaten

1 Zwiebel
Pfeffer und Salz
2 Knoblauchzehen
2 Bund Basilikum
80 ml Olivenöl
2 Dosen Tomaten
500 g Spaghetti
Parmesan nach Bedarf

Nährwerte p. P.

171 kcal
21 g Kohlenhydrate
5 g Fett
9 g Eiweiß

1 Geben Sie etwa fünf Liter Wasser in einen großen Topf und bringen Sie das Wasser zum Kochen. Salzen Sie das Wasser dann mit zwei Esslöffel Salz, geben Sie die Nudeln hinein und kochen Sie sie für acht Minuten, dann sind die Nudeln al dente.

2 Schälen und hacken Sie die Zwiebel. Schälen Sie den Knoblauch und schneiden Sie ihn in dünne Scheiben. Schwitzen Sie nun beides in Olivenöl in einer Pfanne an. Geben Sie dann die Soße der Tomaten mit in die Pfanne, hacken Sie die Tomaten klein und geben Sie sie dazu. Kochen Sie die Menge für zehn Minuten unter Rühren.

3 Anschließend schmecken Sie die Soße mit Pfeffer und Salz ab und geben auch 80 ml Olivenöl dazu. Waschen Sie das Basilikum und zupfen Sie die Blätter grob klein. Rühren Sie das Basilikum in die Soße hinein.

4 Gießen Sie jetzt die Spaghetti ab und geben Sie sie unmittelbar in die Pfanne. Schmecken Sie nach Bedarf erneut mit Pfeffer und Salz ab und verrühren Sie die Menge.

5 Nun können Sie die Spaghetti Napoli nach Belieben mit geriebenem Parmesan bestreuen.

SPAGHETTI AGLIO E OLIO – ITALIENISCHE KNOBLAUCHPASTA

2 Port. | 20 Min. | Leicht

Zutaten

½ TL frisch gemahlener Pfeffer
Salz
2 Kellen Pastawasser
3 EL frisch gehackte Petersilie
1 TL Chiliflocken
3 Knoblauchzehen
8 EL Olivenöl
250 g Spaghetti

Nährwerte p. P.

151 kcal
20 g Kohlenhydrate
0 g Fett
0 g Eiweiß

1 Kochen Sie zunächst die Spaghetti in Salzwasser wie üblich. Erhitzen Sie das Olivenöl in einer großen Pfanne bei mittlerer Hitze. Schälen Sie die Knoblauchzehen und schneiden Sie sie in Scheiben. Geben Sie den Knoblauch sowie die Chiliflocken in das heiße Olivenöl und braten Sie beides leicht an.

2 Waschen Sie die Petersilie, schütteln Sie sie trocken und hacken Sie sie sehr klein. Geben Sie die Petersilie mit in die Pfanne.

3 Kurz bevor die Nudeln gar sind, gießen Sie diese ab, fangen zwei Kellen Nudelwasser auf und geben die Nudeln mit in die Pfanne. Rühren Sie dann das Nudelwasser hinein und kochen Sie alles zusammen, bis eine cremige Soße entsteht. Würzen Sie zuletzt mit dem Pfeffer.

SPAGHETTI CACIO E PEPE – SPAGHETTI MIT KÄSE-PFEFFER-SOẞE

2 Port. | 20 Min. | Leicht

Zutaten

1 Prise Salz
200 g Pecorino Romano, mittel gewürzt (italienischer Hartkäse)
1 EL schwarze Pfefferkörner
400 g Spaghetti

Nährwerte p. P.

133 kcal
21 g Kohlenhydrate
7 g Fett
7 g Eiweiß

1 Bringen Sie ausreichend Wasser in einem Topf zum Kochen. Reiben Sie den Pecorino sehr fein. Salzen Sie das kochende Wasser, geben Sie die Nudeln hinein und kochen Sie diese bissfest. Schöpfen Sie zwei, drei Kellen des Nudelwasser ab und stellen Sie es zur Seite.

2 Zerdrücken Sie nun die Pfefferkörner mit Hilfe eines Mörsers und rösten Sie den Pfeffer in einer Pfanne bei schwacher Hitze an. Löschen Sie dann mit ein wenig des Nudelwassers ab. Geben Sie noch etwas, nicht alles, Nudelwasser dazu.

3 Gießen Sie die fertigen Nudeln ab und geben Sie sie mit in die Pfanne, rühren Sie dann gut durch. Teilen Sie den geriebenen Käse auf zwei Schüsseln auf und geben Sie das übrige Nudelwasser in einer der Schüsseln dazu. Vermischen Sie Nudelwasser und Käse gründlich. Geben Sie dann die zweite Hälfte des Käses dazu und rühren Sie alles zu einer cremigen Soße.

4 Geben Sie jetzt die Soße über die Spaghetti und schmecken Sie mit dem Salz ab.

PASTA ALLA VESUVIANA – VESUVISCHE PASTA

4 Port. 25 Min. Leicht

Zutaten

etwas Salz
Oregano nach Geschmack
Olivenöl
1 getrocknete Peperonici (kleine, scharfe Paprikaschote)
1 Kugel Mozzarella
1 rote Zwiebel
50 g schwarze Oliven
20 g Kapern
400 g geschälte Tomaten
400 g Spaghetti

Nährwerte p. P.

402 kcal
82 g Kohlenhydrate
2 g Fett
14 g Eiweiß

1 Bringen Sie ausreichend gesalzenes Wasser zum Kochen und waschen Sie die Kapern unter fließendem Wasser ab. Schälen Sie die Zwiebel und schneiden Sie sie in halbe Ringe. Lassen Sie den Mozzarella abtropfen und schneiden Sie ihn klein.

2 Erhitzen Sie nun etwas Olivenöl in einer Pfanne bei mittlerer Hitze und dünsten Sie die Zwiebel im heißen Öl an. Kochen Sie die Spaghetti im Salzwasser al dente.

3 Geben Sie die geschälten Tomaten mit in die Pfanne und zerdrücken Sie sie leicht. Bröseln Sie dann die Peperonici hinein und fügen Sie die Kapern und die Oliven hinzu. Lassen Sie die Menge für zehn Minuten köcheln. Anschließend geben Sie etwas vom Nudelwasser sowie den Mozzarella dazu, schmecken mit dem Salz ab und rühren die Menge, bis die Soße schön cremig ist.

4 Gießen Sie die Spaghetti ab und geben Sie sie mit in die Pfanne. Vermischen Sie die Menge gründlich und lassen Sie alles für einige Minuten ziehen.

5 Richten Sie die Pasta auf Tellern an und streuen Sie den Oregano darüber.

Vegane Gerichte

SOFFRITTO – SUPPENGRÜN

4 Port. | 1 Std. | Leicht

Zutaten

200 g fein gehackte Karotten
200 g fein gehackter Staudensellerie
200 g fein gehackte Zwiebel
3 EL Olivenöl

Nährwerte p. P.

2 kcal
15 g Kohlenhydrate
1 g Fett
2 g Eiweiß

1 Bereiten Sie die Zutaten nach der Zutatenliste vor. Erhitzen Sie dann das Olivenöl bei niedriger Hitze in einem großen Topf und geben Sie das gehackte Gemüse in das heiße Öl hinein. Schwitzen Sie das Gemüse etwa 15 Minuten lang an. Das Gemüse sollte nicht braun, sondern nur glasig werden.

2 An dieser Stelle können Sie das Soffritto entweder abfüllen und für später aufbewahren oder Sie geben jetzt weitere Zutaten hinzu und kochen direkt weiter. Das Soffritto eignet sich hervorragend für Linsensuppen, Fischgerichte, Gemüsesuppe, Pilzragout, Bolognesesoße oder Tomatensoße.

ANTIPASTI MISTI – MARINIERTES GEMÜSE

6 Port. | 1 Tag | Leicht

Zutaten

Für das Gemüse:
etwas Pflanzenöl
1 frisch gehackte Chilischote
frischer Thymian
frischer Rosmarin
etwas Salz
4 Schalotten
500 g Champignons
3 Paprikaschoten
4 mittelgroße Zucchinis
1 Aubergine

Für die Marinade:
etwas Salz
1 Chilischote
Thymian
Rosmarin
250 ml Olivenöl
2 EL Balsamico
5 Knoblauchzehen

Nährwerte p. P.

442 kcal
8 g Kohlenhydrate
43 g Fett
7 g Eiweiß

1 Stellen Sie die Marinade etwa einen Tag vor der Weiterverarbeitung her. Pressen Sie zunächst die Knoblauchzehen und geben Sie diese sowie den Balsamico in das Öl. Pürieren Sie die Menge und geben Sie etwas Rosmarin und Thymian dazu, am besten frisch gewaschen und gehackt. Zuletzt waschen und hacken Sie die Chilischote und rühren diese in die Menge hinein. Stellen Sie die Marinade bis zum nächsten Tag kalt.

2 Waschen Sie dann das Gemüse und schneiden Sie es klein, ziehen Sie die Pilze ab. Heizen Sie den Backofen auf 180 °C Ober-/Unterhitze vor.

3 Geben Sie das Gemüse auf ein tiefes Backblech mit Backpapier, salzen Sie es und streuen Sie die zuvor gehackte Chilischote, Thymian und Rosmarin darüber. Geben Sie dann die Marinade darauf und backen Sie das Gemüse für zehn Minuten im Ofen.

CARPACCIO DI BARBABIETOLA – ROTE BETE-SALAT

4 Port. | 10 Min. | Leicht

Zutaten

1 Prise Salz
60 ml natives Olivenöl
12 Walnüsse
½ Zitrone
80 g Rucola
400 g gekochte Rote Bete

Nährwerte p. P.

212 kcal
12 g Kohlenhydrate
18 g Fett
3 g Eiweiß

1 Reiben Sie zunächst die gekochte Rote Bete in Scheiben. Legen Sie die Scheiben auf einem langen Teller aus, sodass sie ein wenig überlappen. Waschen Sie den Rucola gründlich und schütteln Sie ihn trocken. Legen Sie ihn dann über die Rote Bete.

2 Hacken Sie jetzt die Walnüsse grob und verteilen Sie diese gleichmäßig auf dem Rucola. Pressen Sie die Zitrone aus und vermischen Sie den Saft mit dem Olivenöl. Würzen Sie das Dressing mit dem Salz. Träufeln Sie das Dressing dann über Ihren Salat.

ZUCCHINI INVOLTINI – ZUCCHINI IN VEGANER KÄSESOẞE

4 Port. | 20 Min. | Leicht

Zutaten

einige Cocktailtomaten
etwas Olivenöl
1 große rote Zwiebel
3 Zucchini

Zudem:
etwas Salz
Hefeflocken
2 TL Zitronensaft
etwas Wasser
150 g Cashews

Nährwerte p. P.

232 kcal
13 g Kohlenhydrate
12 g Fett
5 g Eiweiß

1 Schneiden Sie zunächst die Zucchini in feine Scheiben, legen Sie sie auf einen Teller und würzen Sie sie mit etwas Salz. Schneiden Sie die Enden der Zucchini in kleine Würfel.

2 Schälen und würfeln Sie die Zwiebel und braten Sie sie in Öl in einer Pfanne an. Geben Sie die Zucchiniwürfel dazu, braten Sie sie mit und würzen Sie mit etwas Salz.

3 Vermischen Sie nun das Wasser, die Cashews, den Zitronensaft, Hefeflocken und etwas Salz und pürieren Sie die Menge zu einer veganen Käsesoße.

4 Tupfen Sie die gesalzenen Zucchinischeiben ab und verteilen Sie die Käsesoße darauf. Garnieren Sie mit der Zwiebelmischung.

TORTELLACCI – PASTA MIT NUDELN UND STEINCHAMPIGNONS

2 Port. | 15 Min. | Leicht

Zutaten

Pfeffer und Salz
1 Zweig Thymian
1 Knoblauchzehe
2 Frühlingszwiebel
3 EL Olivenöl
5 Strauchtomaten
100 g Steinchampignons
500 g vegane Tortellacci (Nudeltaschen) mit Tofu und Steinpilz

Nährwerte p. P.

259 kcal
31 g Kohlenhydrate
4 g Fett
6 g Eiweiß

1 Erhitzen Sie zunächst ausreichend gesalzenes Wasser in einem großen Topf und geben Sie die Tortellacci in das siedende Wasser. Garen Sie sie für etwa fünf Minuten, gießen Sie die Menge ab und lassen Sie sie abtropfen. Waschen Sie den Thymian, schütteln Sie ihn trocken und hacken Sie ihn klein.

2 Erhitzen Sie das Olivenöl in einer Pfanne, zerdrücken Sie die Knoblauchzehe und geben Sie sie mit dem Thymian hinein.

3 Waschen Sie die Pilze sowie das Gemüse und schneiden Sie alles in mundgerechte Stücke.

4 Geben Sie die Pilze dazu und braten Sie alles zusammen an. Jetzt fügen Sie die Tomaten hinzu und lassen Sie etwas einreduzieren.

5 Geben Sie jetzt die Nudeln sowie die Frühlingszwiebeln dazu und schmecken Sie mit Salz und Pfeffer ab. Verteilen Sie die Pasta auf die Teller.

Fingerfood & Snacks

GRISSINI AL ROSMARINO E PARMIGIANO – KNABBERSTICKS

4 Port. | 1 Std. 50 Min. | Mittel

Zutaten

1 Zweig Rosmarin
30 g geriebener Parmigiano Reggiano (italienischer Hartkäse)
500 g Mehl Type 00
1 TL Gerstenmalz
50 ml extra natives Olivenöl
10 g Salz
15 g frische Hefe
280 ml lauwarmes Wasser
etwas Hartweizengrieß für die Arbeitsfläche
Olivenöl zum Bepinseln

Nährwerte p. P.

60 kcal
10 g Kohlenhydrate
1 g Fett
2 g Eiweiß

1 Geben Sie zunächst das Wasser mit Malz und Hefe zusammen in eine kleine Schale und lassen Sie die Hefe auflösen.

2 Waschen und schneiden Sie den Rosmarin, geben Sie ihn dann mit dem geriebenen Käse, Salz und Mehl in eine Rührschüssel. Fügen Sie das Hefewasser nach und nach hinzu, gießen Sie dann das Öl hinein. Kneten Sie die Menge für mindestens sieben Minuten zu einem Teig.

3 Bestreuen Sie eine Arbeitsfläche mit Hartweizengrieß und rollen Sie den Teig darauf zu einem Rechteck aus. Bestreichen Sie die Oberfläche mit etwas Olivenöl, streuen Sie etwas Hartweizengrieß darüber und lassen Sie den Teig eine Stunde ruhen.

4 Schneiden Sie dann etwa 1 cm breite Streifen aus dem Teig und ziehen Sie die Streifen beliebig lang. Legen Sie sie auf ein Backblech mit Backpapier. Heizen Sie den Backofen auf 200 °C Ober-/Unterhitze vor und backen Sie Ihre Grissini für 20 Minuten darin.

ZEPPOLE – FRITTIERTE KARTOFFELN

4 Port. | 45 Min. | Mittel

Zutaten

200 g Zucker-Zimt-Mischung
2 l Frittierfett
1 Prise Mehl zum Arbeiten
3 Pck. Trockenhefe
3 Eier
1 Zitrone (Saft und Abrieb davon)
200 ml lauwarme Milch
150 ml Olivenöl
200 g Zucker
1 kg Mehl
600 g mehligkochende Kartoffeln (bereits gekocht)

Nährwerte p. P.

745 kcal
93 g Kohlenhydrate
34 g Fett
16 g Eiweiß

1 Geben Sie zunächst die Trockenhefe und das Mehl in eine Schüssel. Waschen Sie die Zitrone, reiben Sie die Schale ab und pressen Sie den Saft aus. Geben Sie Zitronenschale und Zucker zum Mehl. Stampfen Sie die gekochten Kartoffeln klein und geben Sie sie ebenfalls dazu. Nun geben Sie den Zitronensaft, die Eier, Milch und Öl dazu und kneten die Menge gründlich durch. Decken Sie den Teig ab und lassen Sie ihn für eine Stunde an einem warmen Ort gehen.

2 Bemehlen Sie eine Arbeitsfläche und kneten Sie den Teig darauf erneut. Teilen Sie den Teig in etwa 50 g schwere Stücke. Rollen Sie dünne Stränge daraus, etwa fingerdick, und pressen Sie die Stränge an den Enden zusammen. Bestäuben Sie die Ringe nun mit etwas Mehl und lassen Sie sie erneut eine Stunde ruhen.

3 Heizen Sie nun eine Fritteuse auf 150 °C vor, nachdem Sie das Fett hineingegeben haben. Frittieren Sie die Zepolle darin nach und nach, bis sie eine goldene Farbe annehmen. Lassen Sie sie auf einem Küchenpapier abtropfen.

4 Zuletzt wälzen Sie die noch warmen Zepolle in der Zucker-Zimt-Mischung.

BISCOTTI AL LIMONE – ZITRONENKEKSE

10 Port. 4 Std. Leicht

Zutaten

80 g Puderzucker
1 Zitrone
½ TL Backpulver
1 Ei
120 g Zucker
140 g weiche Butter
300 g Mehl

Nährwerte p. P.

416 kcal
49 g Kohlenhydrate
7 g Fett
7 g Eiweiß

1 Verkneten Sie zunächst Backpulver, Ei, Zucker, Butter und Mehl miteinander. Waschen Sie die Zitrone gründlich unter heißem Wasser ab, reiben Sie die Schale ab und pressen Sie den Saft aus. Verkneten Sie beides mit dem Teig. Geben Sie den Teig in den Kühlschrank und lassen Sie ihn 15 Minuten lang ruhen.

2 Geben Sie den Puderzucker in eine Schüssel und formen Sie den Teig zu kleinen Kugeln. Wälzen Sie die Kugeln gründlich im Puderzucker und legen Sie sie auf ein Backblech mit Backpapier.

3 Heizen Sie den Ofen auf 180 °C Umluft vor und backen Sie die Kekse für 15 Minuten darin, bis sie leicht braun werden.

CANTUCCINI – ZIMT-MANDEL-PLÄTZCHEN

10 Port. | 55 Min. | Leicht

Zutaten

2 TL Vanilleextrakt
3 Eier
150 g Mandeln
½ TL Zimt
1 ½ TL Backpulver
¾ Tasse Zucker
2 Tassen Mehl

Nährwerte p. P.

485 kcal
32 g Kohlenhydrate
32 g Fett
8 g Eiweiß

1 Breiten Sie zunächst zwei Backbleche mit Backpapier vor. Heizen Sie den Ofen auf 170 °C Umluft vor. Vermischen Sie dann den Zimt, das Backpulver, Mehl und Zucker miteinander. Rühren Sie die Mandeln in die Menge. Verquirlen Sie die Eier in einer zweiten Schüssel und geben Sie die Vanille dazu. Rühren Sie die Eiermischung dann in die Mehlmischung hinein. Rühren Sie, bis der Teig steif wird.

2 Bemehlen Sie eine Arbeitsfläche und geben Sie den Teig darauf. Teilen Sie den Teig in zwei Hälften, formen Sie sie zu einem Zylinder und legen Sie jeden Zylinder auf ein Backblech. Drücken Sie beide Zylinder leicht auf das Blech. Backen Sie den Teig für etwa 20 Minuten. Der Teig sollte dann etwa doppelt so groß und fest sein. Lassen Sie den Teig dann abkühlen.

3 Anschließend schneiden Sie den Teig dann in etwa 1 cm dicke Scheiben. Geben Sie die Scheiben in eine Pfanne und backen Sie sie darin etwa 15 Minuten lang, bis sie richtig geröstet sind.

Desserts

TIRAMISU

4 Port. | 8,5 Std. | Leicht

Zutaten

Kakaopulver
250 g Löffelbiskuit
250 g Mascarpone
75 g Zucker
3 ganz frische Eier
6 EL Amaretto
250 ml Espresso
1 Prise Salz

Nährwerte p. P.

441 kcal
79 g Kohlenhydrate
10 g Fett
6 g Eiweiß

1 Brühen Sie zunächst den Espresso und lassen Sie ihn abkühlen. Rühren Sie dann den Amaretto in den Espresso hinein.

2 Trennen Sie die Eier und schlagen Sie das Eiweiß mit dem Salz steif. Schlagen Sie Eigelb und Zucker schaumig. Rühren Sie den Mascarpone unter den Eierschaum und heben Sie den Eischnee anschließend sehr vorsichtig unter.

3 Stellen Sie nun eine Form bereit (etwa 16 x 24 cm). Tauchen Sie die Löffelbiskuits in die Espresso-Mischung und legen Sie den Boden der Form damit aus. Streichen Sie jetzt die Hälfte der Creme darauf und geben Sie eine zweite Schicht Löffelbiskuits darauf.

4 Tunken Sie auch diese Biskuits zuvor in den Espresso. Geben Sie die zweite Hälfte der Creme obendrauf, decken Sie die Form ab und stellen Sie das Tiramisu für 6 - 8 Stunden im Kühlschrank kalt.

5 Anschließend geben Sie mit Hilfe eines Siebes das Kakaopulver über Ihr Tiramisu.

PROFITEROLES – WINDBEUTEL

10 Port. | 1 Std. 50 Min. | Leicht

Zutaten

250 g Sahne
200 g Edelbitter-Schokolade
1 Vanilleschote
2 Pck. Bourbon-Vanillezucker
50 g Mehl
4 Eigelb
130 g Zucker
500 ml Milch
1 Prise Salz
4 Eier
100 g Butter
150 g Mehl
250 ml Wasser

Nährwerte p. P.

1034 kcal
26 g Kohlenhydrate
14 g Fett
4 g Eiweiß

1 Geben Sie Wasser, Salz und Butter in einen Topf und bringen Sie die Menge zum Kochen. Nehmen Sie den Topf herunter und geben Sie 50 g Mehl komplett in das Wasser hinein. Rühren Sie gründlich um und lassen Sie den Teig abkühlen. Anschließend arbeiten Sie die Eier in den Teig hinein, am besten mit einem Kochlöffel.

2 Geben Sie den Teig in einen Spritzbeutel und bereiten Sie ein Backblech mit Backpapier vor. Spritzen Sie dann kleine Windbeutel auf das Blech und backen Sie die Windbeutel für 15 Minuten bei 200 °C Ober-/Unterhitze im vorgeheizten Backofen.

3 Für die Creme kratzen Sie währenddessen die Vanilleschote mit einem Messer aus. Geben Sie das Vanillemark, den Vanillezucker und die Milch in einen weiteren Topf und erhitzen Sie die Mischung. Verrühren Sie separat den Zucker mit den Eigelben. Geben Sie dann die warme Milch-Mischung sowie das Mehl dazu. Kochen Sie alles zusammen unter Rühren auf, bis die Menge eindickt. Geben Sie die Creme in den Spritzbeutel und füllen Sie die Windbeutel damit.

4 Für die Schokosoße raspeln Sie zunächst die Schokolade und erwärmen die Sahne in einem Topf. Rühren Sie die Schokolade hinein, bis sie geschmolzen ist. Lassen Sie die Soße etwas abkühlen und tauchen Sie dann die Windbeutel einzeln hinein. Richten Sie die Profiteroles nun an.

PANNA COTTA – PUDDING MIT ERDBEEREN

4 Port. | 1 Tag | Leicht

Zutaten

Für die Panna Cotta:
1 Vanilleschote
50 g Zucker
400 ml Schlagsahne

Für die Gelatine:
2 EL Milch
2 Blatt Gelatine

Für die Deko:
2 Maracuja
1 EL Zucker
50 g Erdbeeren

Nährwerte p. P.

222 kcal
23 g Kohlenhydrate
12 g Fett
1 g Eiweiß

1 Stellen Sie zunächst vier Gläser bereit. Verrühren Sie die Gelatine mit der Milch und lassen Sie die Gelatine darin quellen.

2 Vermischen Sie den Zucker mit dem Mark der Vanilleschote (dieses mit einem Messer herauskratzen) sowie der Sahne. Kochen Sie die Menge auf dem Herd in einem Topf auf, nehmen Sie den Topf wieder herunter und lassen Sie die Sahne auf 40 °C abkühlen. Geben Sie dann die Gelatine-Mischung dazu.

3 Füllen Sie die Menge in die Gläser um und stellen Sie sie über Nacht in den Kühlschrank.

4 Waschen Sie dann die Erdbeeren und bestreuen Sie sie mit dem Zucker. Lassen Sie den Zucker etwas einziehen und pürieren Sie die Beeren dann. Halbieren Sie die Maracuja und schneiden Sie das Fruchtfleisch klein.

5 Garnieren Sie die fertige Panna Cotta mit Maracuja und geben Sie die Erdbeersoße darüber.

CANNOLI – CREMEROLLEN SIZILIANISCHER ART

10 Port. 2,5 Std. Leicht

Zutaten

Für den Teig:
1 ½ l Öl
1 Prise Salz
1 Prise Zimt
250 g Mehl
50 ml Marsala
2 Eier
25 Zucker
70 g Butter
600 g Mehl Type 00

Für die Füllung:
2 EL Puderzucker
150 ml Schlagsahne
1 Vanilleschote
1 Zitrone
250 g Erdbeeren
200 g kalte Marzipanrohmasse
500 g Ricotta

Nährwerte p. P.

262 kcal
31 g Kohlenhydrate
10 g Fett
11 g Eiweiß

1 Zerlassen Sie zunächst die Butter in einem kleinen Topf. Lassen Sie die Butter dann lauwarm abkühlen und geben Sie Butter, Salz, Zimt, Marsala, Mehl, ein Ei und Zucker in eine Schüssel. Verkneten Sie die Menge zu einem glatten Teig. Wickeln Sie den Teig in Frischhaltefolie und geben Sie ihn für zwei Stunden in den Kühlschrank.

2 Geben Sie etwas Mehl auf eine Arbeitsfläche und rollen Sie den Teig etwa 3 mm dick darauf aus. Schneiden Sie den Teig dann in etwa zwölf Quadrate. Verquirlen Sie das übrige Ei. Legen Sie nun Ihre Quadrate auf ein Backblech mit Backpapier und bestreichen Sie sie mit dem Ei. Klappen Sie die Quadrate zusammen und drücken Sie die Enden leicht zusammen.

3 Erhitzen Sie nun das Öl in einem großen Topf und backen Sie die Teigrollen nach und nach darin aus. Heben Sie die fertigen Rollen heraus und lassen Sie sie auf Küchenpapier abtropfen. Lassen Sie die Rollen vollständig abkühlen. Schlagen Sie die Sahne steif.

4 Für die Füllung verrühren Sie jetzt das Vanillemark mit Marzipan und Ricotta. Waschen Sie die Zitrone und geben Sie etwas Zitronenabrieb mit in die Mischung. Fügen Sie jetzt den Puderzucker hinzu. Verrühren Sie alles mit einem Schneebesen cremig.

5 Waschen Sie die Erdbeeren und schneiden Sie sie klein. Heben Sie die Erdbeeren und die Sahne unter die cremige Mischung. Geben Sie die Menge in einen Spritzbeutel und füllen Sie Ihre Teigrollen damit. Zuletzt bestreuen Sie die Teigrollen mit Puderzucker.

PANNETONE – OSTERKÜCHLEIN

16 Port. 2,5 Std. Leicht

Zutaten

etwas Puderzucker
½ TL Salz
2 große Eier
150 g Butter
100 g Zucker
25 g Zitronat
25 g Orangeat
150 ml lauwarme Milch
½ Zitrone (die Schale davon)
1 Würfel Hefe
etwas Mehl für die Arbeitsfläche
500 g Mehl

Nährwerte p. P.

243 kcal
34 g Kohlenhydrate
9 g Fett
5 g Eiweiß

1 Geben Sie zunächst das Mehl in eine Schüssel und drücken Sie mittig eine Kuhle hinein. Zerbröseln Sie die Hefe, erwärmen Sie die Milch und geben Sie Hefe und etwas Zucker hinein. Verrühren Sie die Menge, damit sich die Hefe auflöst. Lassen Sie die Mischung 15 Minuten stehen. Geben Sie die Mischung in die Mehl-Kuhle und rühren Sie das Mehl von außen nach innen hinein.

2 Hacken Sie das Orangeat und das Zitronat klein. Lassen Sie die Butter schmelzen. Verkneten Sie alle drei Zutaten mit dem Teig und fügen Sie auch die Eier und das Salz hinzu. Lassen Sie den Teig für eine Stunde an einem warmen Ort gehen.

3 Heizen Sie den Backofen auf 200 °C Umluft vor. Kneten Sie den Teig erneut durch und teilen Sie ihn dann in 16 etwa gleich große Stücke. Formen Sie die Stücke zu Törtchen und geben Sie sie auf ein Backblech mit Backpapier. Backen Sie die Törtchen dann für 20 Minuten im Ofen.

4 Zuletzt bestreuen Sie die Törtchen mit dem Puderzucker.

DI MANDORLA – MANDELKEKSE ZUM KAFFEE

25 Port. 25 Min. Leicht

Zutaten

100 g Puderzucker
etwas Bittermandelaroma
etwas Orangenabrieb
1 TL Honig
2 Eiweiß
200 g Zucker
250 g gemahlene Mandeln

Nährwerte p. P.

105 kcal
12 g Kohlenhydrate
3 g Fett
2 g Eiweiß

1 Vermischen Sie zunächst die gemahlenen Mandeln mit dem Zucker. Geben Sie den Orangenabrieb mit Honig sowie Eiweiß zusammen, vermischen Sie die Menge und geben Sie dann das Mandelaroma dazu. Verkneten Sie die Menge zu einem klebrigen Teig. Decken Sie den Teig ab und geben Sie ihn für 25 Minuten in den Kühlschrank.

2 Heizen Sie den Backofen auf 180 °C Ober-/Unterhitze vor und bereiten Sie ein Backblech mit Backpapier vor. Sieben Sie den Puderzucker.

3 Stechen Sie nun kleine Kekse aus dem Teig aus, etwas so groß wie ein Esslöffel. Formen Sie die Stücke zu Kugeln, wälzen Sie sie in dem Puderzucker und geben Sie sie auf das Blech. Drücken Sie dann jede Kugel mit dem Daumen etwas platt.

4 Backen Sie Ihre Mandelkekse für etwa zwölf Minuten im Backofen.

Soßen, Dips und Aufstriche

PESTO GENOVESE – BASILIKUM-PESTO

4 Port. 15 Min. Leicht

Zutaten

Pfeffer und Salz
60 g geriebener Parmesan
60 g Pinienkerne
150 ml Olivenöl
4 Bund Basilikum
5 EL Olivenöl
1 TL gehackte Petersilie
1 Knoblauchzehe

Nährwerte p. P.

375 kcal
41 g Kohlenhydrate
18 g Fett
11 g Eiweiß

1 Rösten Sie zunächst die Pinienkerne ohne Fett in einer Pfanne an. Schälen und hacken Sie den Knoblauch. Nehmen Sie die Pinienkerne aus der Pfanne und stellen Sie sie zur Seite.

2 Waschen Sie das Basilikum und die Petersilie, schütteln Sie beides trocken und zupfen Sie die Blätter ab. Geben Sie alles mit dem Olivenöl sowie etwas Salz in den Mixer und pürieren Sie die Menge.

3 Zuletzt rühren Sie den Parmesan hinein und geben fünf weitere Esslöffel Olivenöl dazu. Schmecken Sie mit Pfeffer und Salz ab.

4 Füllen Sie Ihr Pesto dann in saubere Schraubgläser um.

PUTTANESCA-SAUCE – TOMATENSOẞE MIT OLIVEN

4 Port. | 20 Min. | Leicht

Zutaten

etwas Petersilie
natives Olivenöl
1 TL gemahlene Peperonici (kleine, scharfe Paprikaschote)
1 Knoblauchzehe
100 g entkernte Oliven
1 EL Kapern
1 Dose gehackte Tomaten

Nährwerte p. P.

42 kcal
1 g Kohlenhydrate
4 g Fett
1 g Eiweiß

1 Erhitzen Sie zunächst das Öl in einer Pfanne, schälen und hacken Sie den Knoblauch. Lassen Sie die Kapern abtropfen.

2 Schwitzen Sie Kapern, Peperonici und Knoblauch im heißen Öl an und rühren Sie währenddessen.

3 Geben Sie die Tomaten dazu und lassen Sie alles für zehn Minuten köcheln.

4 Waschen und hacken Sie die Petersilie, geben Sie sie zusammen mit den Oliven in die Soße. Lassen Sie alles zusammen noch kurz ziehen.

SUGO ALLA MARINARA - PASTASOßE

4 Port. | 30 Min. | Leicht

Zutaten

etwas Salz nach Geschmack
etwas Oregano nach Geschmack
4 EL natives Olivenöl
4 Knoblauchzehen
600 g geschälte Tomaten

Nährwerte p. P.

39 kcal
7 g Kohlenhydrate
1 g Fett
1 g Eiweiß

1 Schälen und hacken Sie zunächst den Knoblauch. Erhitzen Sie das Olivenöl in einer Pfanne und dünsten Sie den Knoblauch darin glasig an.

2 Löschen Sie dann mit den geschälten Tomaten ab und würzen Sie mit Oregano und Salz nach Belieben. Lassen Sie alles bei niedriger Hitze für 25 Minuten köcheln und rühren Sie zwischendurch um.

PESTO DI ASPARAGI – PESTO MIT SPARGEL

4 Port. | 40 Min. | Leicht

Zutaten

etwas Salz nach Geschmack
150 ml natives Olivenöl
50 g Parmigiano Raggiano (italienischer Hartkäse)
50 g Pocorino Romano (italienischer Hartkäse)
40 g Pinienkerne
20 Basilikumblätter
200 g grüner Spargel

Nährwerte p. P.

507 kcal
4 g Kohlenhydrate
51 g Fett
11 g Eiweiß

1 Entfernen Sie zunächst die Enden des Spargels und schälen Sie die Stiele etwas ab. Waschen Sie den Spargel gründlich. Bringen Sie nun etwas Salzwasser in einem Topf zum Kochen und garen Sie den Spargel für 20 Minuten darin. Nehmen Sie den Spargel dann heraus und lassen Sie ihn abtropfen. Waschen Sie das Basilikum und lassen Sie es ebenfalls abtropfen.

2 Reiben Sie nun den Pocorino sowie den Parmigiano und geben Sie beides mit Spargel, Pinienkernen und Basilikum in einen Mixer. Geben Sie dann das Olivenöl dazu und mixen Sie die Menge zu einem cremigen Pesto. Zuletzt schmecken Sie mit dem Salz ab.

PESTO DI AGLIO SELVATICO CON MANDORLE – PESTO MIT BÄRLAUCH

4 Port. | 10 Min. | Leicht

Zutaten

etwas Pfeffer und Salz nach Geschmack
15 ml Zitronensaft
100 ml natives Olivenöl
50 g geriebener Pecorino Romano (italienischer Hartkäse)
50 g geschälte Mandeln
100 g Bärlauch

Nährwerte p. P.

480 kcal
1 g Kohlenhydrate
48 g Fett
13 g Eiweiß

1 Waschen Sie zunächst den Bärlauch gründlich und tupfen Sie ihn trocken. Reiben Sie den Käse und geben Sie Käse, Zitronensaft, Mandeln und Bärlauch in einen Mixer.

2 Geben Sie dann etwas von dem Olivenöl dazu und mixen Sie alles zusammen auf niedriger Stufe. Geben Sie das übrige Öl nach und nach dazu, bis das Pesto schön cremig ist. Würzen Sie zuletzt mit Pfeffer und Salz.

CREMA DI FORMAGGIO AL BASILICO – BASILIKUM-KÄSE-AUFSTRICH

10 Port. | 5 Min. | Leicht

Zutaten

1 TL Kräutersalz
250 g Quark
200 g Frischkäse
8 getrocknete Tomaten in Öl
1 große Knoblauchzehe
1 TL Basilikum
10 frische Basilikumblätter

Nährwerte p. P.

337 kcal
28 g Kohlenhydrate
10 g Fett
6 g Eiweiß

1 Waschen Sie zunächst das Basilikum und schneiden Sie die Blätter grob klein. Schälen und schneiden Sie den Knoblauch. Lassen Sie die Tomaten abtropfen und schneiden Sie sie ebenfalls klein.

2 Vermischen Sie nun den Frischkäse mit dem Quark und rühren Sie nach und nach die übrigen Zutaten unter die Menge. Zuletzt pürieren Sie alles zu einem cremigen Aufstrich und füllen diesen in saubere Schraubgläser um.

CREMA SPALMABILE AL CIOCCOLATO – SCHOKOLADENAUFSTRICH

10 Port. 5 Min. Leicht

Zutaten

60 g weiche Butter
100 ml Milch
100 g schwarze Blockschokolade
100 g weiße Blockschokolade
60 g Nüsse
100 g Zucker

Nährwerte p. P.

545 kcal
56 g Kohlenhydrate
32 g Fett
7 g Eiweiß

1 Hacken Sie zunächst die Nüsse grob klein und raspeln Sie die Schokolade. Geben Sie nun alle Zutaten in einen kleinen Topf und erwärmen Sie sie bei niedriger Hitze.

2 Sobald die Schokolade vollständig geschmolzen ist, nehmen Sie den Topf vom Herd und mixen den Aufstrich grob durch. Füllen Sie den cremigen Schokoaufstrich dann in saubere Schraubgläser um.

AMUSE GEULE – BROTAUFSTRICH MIT RICOTTA

8 Port. | 10 Min. | Leicht

Zutaten

etwas Salz, Chilipulver und Zucker
2 EL italienische gemischte Kräuter
175 g Ricotta
1 TL Olivenöl
70 g getrocknete Tomaten in Öl
1 große, mittelscharfe Peperoni
1 mittelgroße Zwiebel

Nährwerte p. P.

873 kcal
2 g Kohlenhydrate
17 g Fett
12 g Eiweiß

1 Schälen und würfeln Sie zunächst die Zwiebel. Entkernen Sie die Peperoni und hacken Sie Peperoni und Zwiebelwürfel klein. Waschen Sie die Tomaten sowie die Kräuter und hacken Sie beides ebenfalls klein.

2 Geben Sie Tomaten, Peperoni und Zwiebeln in eine Pfanne mit Öl, erhitzen Sie die Menge und dünsten Sie sie zwei Minuten lang glasig an. Salzen Sie die Zutaten und füllen Sie sie in eine Schüssel um.

3 Geben Sie die Kräuter sowie Ricotta dazu und rühren Sie die Menge cremig. Geben Sie je eine Prise Salz, Zucker und Chiliflocken dazu und rühren Sie ein letztes Mal durch.

Italienische Drinks

NEGRONI – GIN MIT CAMPARI UND WERMUT

1 Port. 5 Min. Leicht

Zutaten

etwas Orangenzeste oder Scheibe
ein paar Eiswürfel
3 cl süßer roter Wermut
3 cl Campari
3 cl Gin

Nährwerte p. P.

174 kcal
9 g Kohlenhydrate
0 g Fett
1 g Eiweiß

1 Waschen Sie die Orange und reiben Sie etwas von der Schale ab. Schneiden Sie auch eine Scheibe der Orange mit Schale ab.

2 Geben Sie die Flüssigkeiten zusammen in ein Glas. Geben Sie Orangenzeste und Eiswürfel dazu und dekorieren Sie das Glas mit der Orangenscheibe. Prost!

LIMONCELLO – ZITRONENLIKÖR

10 Port. | 2 Wo. | Leicht

Zutaten

350 g Zucker
2 l Wasser
500 ml Weingeist (mit 96 % Alkohol)
5 Zitronen (die Schale davon)

Nährwerte p. P.

160 kcal
2 g Kohlenhydrate
0 g Fett
1 g Eiweiß

1 Waschen Sie zunächst die Zitronen und reiben Sie die Schale ab. Geben Sie Weingeist und Zitronenabrieb in eine Schüssel. Decken Sie die Schüssel ganz locker mit einem Tuch ab. Stellen Sie die Schüssel an einen hellen, zimmerwarmen Ort und lassen Sie die Menge zehn Tage lang ziehen.

2 Geben Sie anschließend 300 g Zucker in zwei Liter Wasser kaltes Wasser und kochen Sie die Menge für zehn Minuten sprudelnd ein. Fügen Sie dann 500 ml Weingeist-Mischung dazu und kochen Sie die Mischung zu einem Sirup ein.

3 Decken Sie die Mischung erneut ab und lassen Sie sie einen Tag lang ziehen. Jetzt können Sie den Limoncello in saubere Flaschen mit Schraubverschluss oder Korken umfüllen. In der Flasche lassen Sie den Limoncello weitere ein bis zwei Wochen ziehen.

RAMAZOTTI ROSATO MIO – RAMAZOTTI

4 Port. 5 Min. Leicht

Zutaten

etwas Basilikum
Eiswürfel
10 cl Prosecco
5 cl Ramazotti Rosato

Nährwerte p. P.

282 kcal
25 g Kohlenhydrate
0 g Fett
0 g Eiweiß

1 Der Ramazotti Rosato Mio wird ganz einfach direkt im Glas zubereitet. In der Regel wird für diesen Cocktail ein Weinglas mit langem Stiel verwendet. Geben Sie einfach den Prosecco zusammen mit dem Ramazotti in das Glas und fügen Sie die Eiswürfel hinzu.

2 Waschen Sie etwas frisches Basilikum, schütteln Sie es trocken und zupfen Sie ein paar Blättchen ab. Geben Sie das Basilikum mit ins Glas.

APEROL SPRITZ – APEROL SPRITZ

1 Port. 5 Min. Leicht

Zutaten

1 Scheibe Orange
30 ml Wasser mit Kohlensäure
60 ml Aperol
90 ml Prosecco
1 Handvoll Eiswürfel

Nährwerte p. P.

230 kcal
20 g Kohlenhydrate
12 g Fett
1 g Eiweiß

1 Waschen Sie die Orange gründlich mit heißem Wasser und schneiden Sie sie in Scheiben. Füllen Sie das Glas komplett mit den Eiswürfeln.

2 Gießen Sie nacheinander das Wasser, den Prosecco sowie den Aperol hinein und rühren Sie sehr vorsichtig um. Dekorieren Sie das Glas mit einer Orangenscheibe.

SANPELLEGRINO GARIBALDI – BITTERLIKÖR

1 Port. | 5 Min. | Leicht

Zutaten

1 Orangenspalte
1 cl italienischer bitterer Aperitif
10 cl Sanpellegrino Aranciata
1 Handvoll Eiswürfel

Nährwerte p. P.

222 kcal
23 g Kohlenhydrate
12 g Fett
1 g Eiweiß

1 Waschen Sie zunächst eine Orange unter heißem Wasser ab und schneiden Sie eine Spalte heraus.

2 Füllen Sie ein Glas mit Eiswürfeln auf. Geben Sie die Flüssigkeiten dazu und rühren Sie die Menge um. Dekorieren Sie mit der Orangenspalte.

SCROPPINO – ITALIENISCHER EISCOCKTAIL

2 Port. | 5 Min. | Leicht

Zutaten

2 Gläser Prosecco Perlwein
1 Schuss Wodka
2 Kugeln Zitroneneis
gehackte, gemischte Kräuter
frische, gemischte Beeren

Nährwerte p. P.

151 kcal
20 g Kohlenhydrate
0 g Fett
0 g Eiweiß

1 Geben Sie die Kugeln Zitroneneis in eine Schüssel und gießen Sie Prosecco und Wodka dazu. Pürieren Sie die Menge mit einem Stabmixer und verteilen Sie sie auf die Gläser.

2 Waschen Sie die Beeren, waschen und hacken Sie die Kräuter. Rühren Sie die Kräuter in die Gläser hinein und garnieren Sie Ihren Drink mit den Beeren.

BELLINI – PFIRSICHSEKT

1 Port. | 10 Min. | Leicht

Zutaten

100 ml trockener Prosecco
3 EL weißes Pfirsichpüree
Eiswürfel

Nährwerte p. P.

63 kcal
6 g Kohlenhydrate
0 g Fett
0 g Eiweiß

1 Geben Sie zunächst das Püree in ein Champagnerglas. Füllen Sie nun die Hälfte des Proseccos dazu und rühren Sie vorsichtig mit einem Barlöffel um.

2 Gießen Sie dann den restlichen Prosecco langsam nach und nach dazu. Servieren Sie den Sekt sofort, damit sich das Püree nicht wieder auf dem Boden absetzt.

Kaffee & Co.

CAFFÉ SHAKERATO – ITALIENISCHER EISKAFFEE

2 Port. 5 Min. Leicht

Zutaten

160 g Eiswürfel
2 TL Zucker
4 Espresso

Nährwerte p. P.

16 kcal
4 g Kohlenhydrate
1 g Fett
3 g Eiweiß

1 Brühen Sie zunächst den Espresso und verrühren Sie ihn mit dem Zucker. Kühlen Sie die Gläser vor. Geben Sie die Eiswürfel in einen Cocktail-Shaker und gießen Sie den süßen Espresso dazu.

2 Shaken Sie alles für etwa zwei Minuten durch, die Eiswürfel sollten noch nicht komplett geschmolzen sein. Füllen Sie die Menge in die Gläser um und dekorieren Sie mit ein paar Kaffeebohnen.

MOKKA – SCHOKOKAFFEE

1 Port. 5 Min. Leicht

Zutaten

2 TL Zucker
1 Prise Zimt
100 ml heiße Schokolade
100 ml Espresso

Nährwerte p. P.

520 kcal
51 g Kohlenhydrate
31 g Fett
8 g Eiweiß

1 Brühen Sie den Espresso auf und erwärmen Sie die heiße Schokolade. Geben Sie beides zusammen in eine Tasse. Geben Sie dann eine Prise Zimt sowie ein bis zwei Teelöffel Zucker hinein, je nachdem, wie süß der Mokka werden soll.

2 Rühren Sie kräftig um und genießen Sie Ihren italienischen schokoladigen Kaffee!

CAFÉ BORGIO – SCHOKOKAFFEE MIT SAHNE UND ORANGE

2 Port. 10 Min. Leicht

Zutaten

1 unbehandelte Orange (die Schale davon)
500 ml heißer, starker Kaffee
200 g Schlagsahne
1 Prise Puderzucker
500 ml heißer Kakao

Nährwerte p. P.

232 kcal
28 g Kohlenhydrate
10 g Fett
1 g Eiweiß

1 Brühen Sie zunächst den Kaffee und wärmen Sie den Kakao auf. Verteilen Sie beides dann gleichmäßig auf zwei Kaffeetassen. Setzen Sie dann je die Hälfte der Schlagsahne auf das Getränk und geben Sie etwas Puderzucker darauf.

2 Zuletzt waschen Sie die Orange unter heißem Wasser gründlich ab und reiben etwas Schale ab. Garnieren Sie Ihre Kaffees mit dem Orangenabrieb.

AFFOGATO AL CAFÉ – ESPRESSO VANILLE

1 Port. | 5 Min. | Leicht

Zutaten

1 Kugel Vanilleeis
1 Tasse Espresso

Nährwerte p. P.

81 kcal
21 g Kohlenhydrate
9 g Fett
4 g Eiweiß

1 Bereiten Sie zunächst den Espresso wie üblich vor. Geben Sie dann die Kugel Vanilleeis in eine kleine Tasse und übergießen Sie diese mit dem heißen Espresso. Genießen Sie den Affogato al Café sofort.

CAFÉ GRANITA – SÜSSER KAFFEE

5 Port. | 4 Std. | Leicht

Zutaten

200 g Zucker
500 ml Wasser
500 ml Espresso

Nährwerte p. P.

405 kcal
99 g Kohlenhydrate
1 g Fett
1 g Eiweiß

1 Brühen Sie zunächst 500 ml Espresso auf und erhitzen Sie 500 ml Wasser. Geben Sie beide Flüssigkeiten zusammen und rühren Sie den Zucker hinein. Stellen Sie die Menge für 1,5 Stunden in der Gefriertruhe kalt.

2 Schlagen Sie dann die ersten gebildeten Eisflocken klein und geben Sie die Menge wieder in den Gefrierschrank. Wiederholen Sie diesen Vorgang alle 40 Minuten, bis die komplette Menge gebrochen ist.

3 Vor dem Servieren lassen Sie die Granita für einige Minuten auftauen.

TEEQUIRI – LIMONENTEE

4 Port. | 20 Min. | Leicht

Zutaten

4 Limonen
4 EL Zucker
4 Zweige Minze
1 Handvoll Minze
1 ½ EL grüner Tee
1 ½ l Wasser
Crushed Ice

Nährwerte p. P.

2 kcal
1 g Kohlenhydrate
0 g Fett
0 g Eiweiß

1 Kochen Sie zunächst das Wasser auf und überbrühen Sie den Tee in einem heißen Topf. Lassen Sie die Menge eine Minute ziehen, gießen Sie das Wasser ab, fangen Sie es in einer Kanne auf und fügen Sie die Minze hinzu. Entfernen Sie den grünen Teebeutel. Geben Sie den heißen Tee zurück in den Topf.

2 Kochen Sie nun einen Liter Wasser auf und überbrühen Sie die Menge erneut. Lassen Sie sie vier Minuten ziehen und seihen Sie sie dann ab. Stellen Sie den Tee kalt.

3 Waschen Sie nun die Limonen und schneiden Sie sie in Achtel. Verteilen Sie die Stücke auf vier Gläser und geben Sie je einen Esslöffel Zucker dazu. Zerstampfen Sie die Limonen leicht. Füllen Sie die Gläser dann zu Zweidrittel mit Tee auf und stecken je einen Zweig Minze hinein.

4 Zuletzt geben Sie etwas Crushed Ice dazu.

CIOCCOLATA – ITALIENISCHE HEIẞE SCHOKOLADE

4 Port. | 10 Min. | Leicht

Zutaten

20 g Weizenstärke
50 g ungesüßtes Kakaopulver
100 g Zucker
600 ml Vollmilch

Nährwerte p. P.

236 kcal
34 g Kohlenhydrate
9 g Fett
8 g Eiweiß

1 Vermischen Sie zunächst den Zucker mit dem Kakaopulver sowie der Weizenstärke.

2 Verteilen Sie die Milch auf vier Gläser und rühren Sie die Kakaomischung dann zu gleichen Teilen in die Milch hinein, bis der Kakao schön schaumig ist.